JN133540

沈む祖国を救うには

内田樹

マガジンハウス新書
027

まえがき

みなさん、こんにちは。内田樹です。

本書は主に２０２４年に書いた時評的な書きものを集めて一冊にまとめたものです。

時事的な文章をこれまで長く書いてきましたけれど、やはりだんだん危機感が募ってきているのを感じます。２００８年に出た本のタイトルは『こんな日本でよかったね』でした。２０１０年の高橋源一郎さんとの対談本のタイトルは『沈む日本を愛せますか?』でした。『沈む祖国を救うには』という今回のタイトルと比べると、この頃はまだずいぶん余裕があるのがわかります。

今の日本は「泥舟」状態です。一日ごとに沈んでいるし、沈む速度がしだいに加速している。

もちろん、どんな国にも盛衰の周期はあります。勢いのよいときもあるし、あまりぱっとしないときもある。それは仕方がありません。国の勢いというのは、無数のファクターの複合的な効果として現れる集団的な現象ですから、個人の努力や工夫では簡単には方向転換することはできません。歴史的趨勢《すうせい》にはなかなか抗《あらが》えない。

勢いのいいときに「どうしてわが国はこんなに国力が向上しているのだろう」と沈思黙考する人はいません。そんなことを考えている暇があったら、自分のやりたいことをどんどんやればいい。でも、国運が衰えてきたときには、「どうしてこんなことになったのか?」という問いを少なくとも、その国の「大人」たちは自分に向けなければいけません。

自分でゲラを読み返してみて思いましたけれど、本書は「快刀乱麻を断つ」というタイプの書き物ではありません。取り上げているトピックはさまざまですが、実際には同じ一つの難問の周りを、視点を変え、言葉を替えながらぐるぐると回っている。そんな感じがします。

たしかにこの本を読むと、「どうして日本はこんなにダメになってしまったのか」については、それなりに理解が進むと思います。でも、「じゃあ、その問題をどう解決するか」「どうやってダメじゃない国にするのか」については解が示されていない。僕にもわからないんです。

沈む祖国のために身銭を切ってくれる「大人」の頭数を増やすということしか思いつかないんです。

ですから、読み終えて胸のつかえが下りて、爽快感を覚えた……というようなことはあまり期待しないでくださいね。それよりは読者の中には、読んでいるうちに「自分こそが祖国に救いの手を差し伸べる『大人』にならないといけないのかな……」と思って、唇をかみしめるというようなリアクションをする人が出て来るような気がします。そういうふうに救国の使命感をおのれの双肩に感じる読者を一人でも見出すために僕はこれらの文章を書いたのかも知れません。

「救国」ってすごい文字列ですね。自分で書いてびっくりしました。久しぶりにこの文字を見ました。自分の文章の中でこの熟語を使った記憶が僕にはありません。そんなふうに使ったことのなかった言葉まで動員しないと、この現実に対する解を手探りすることができないくらいに現実は危機的だということなのだと思います。

それから、本書に採録した文章はさまざまな媒体に寄稿したものに原形をとどめぬまでに加筆したものです。ですから、「出典」というものはありません。オリジナルの文章だと思って読んでください。記事の末尾に記した日付は「もともとの原稿を媒体に送稿した日」です。「これはいつ頃の話だろう」と思う読者のために書き添えておきました。

では、また「あとがき」でお会いしましょう。

沈む祖国を救うには ◎ 目次

第1部 冷たい国の課題

第1章 衰退国家の現在地

第3章　温かい国への道程

第2部 冷たい国からの脱却

第4章 社会資本を豊かにするために

第5章　教育と自由（「自由の森学園創立40周年記念講演」より）

第1部

冷たい国の課題

第1章

衰退国家の現在地

「観光立国」という安全保障

定期的に悪友たちと集まって、箱根で湯治をしつつ麻雀をしている。50歳を過ぎた頃に始めた行事なので、もう20年を超えた。ずっと同じ旅館の、同じ部屋に泊まる。他の条件を同じにしておくと、経年変化が鮮やかに可視化されるからである。

創業メンバーの四人のうち一人（私の兄）はすでに鬼籍に入り、一人は認知症を病んで施設に収容された。残された二人（私と平川克美《かつみ》君）の友人を呼んで定員を補充したが、若手の代表格だった小田嶋隆さんは一昨年亡くなり、釈徹宗《しゃくてっしゅう》先生は多忙のためになかなか都合がつかない。今回はなんとか六人が集まり、五分咲きの桜の下で琴棋詩酒を楽しむ境地のまねごとをしてきた。

箱根の様変わりぶりに驚かされた。前回（4か月前）の外国人観光客はほとんどが中国からの人たちだった。今回も中国人ツーリストの数は同じくらいだが、それよりはるかに多い数の非アジア系（欧米かオーストラリアからか）の観光客が駅やバス停にひしめいていた。若い人たちのグループもいるし、家族連れもいるし、旗を持ったツアーコンダクターについてぞろぞろ歩く中年の団体もいる。80〜90年代にバカンスの時のスペインやイタリアの観光地でよく見た光景である。

コロナ前の賑《にぎ》わいを取り戻したどころの騒ぎではない。どうやら歴史的な円安のおかげで日本の観光地は「安くて、美味《うま》くて、治安がよくて、接客サービスがよい」ということが全世界に周知されることになったようである。お客様たちの来訪で、コロナ禍で文字通り「閑古鳥が鳴いていた」観光地が息を吹き返したことは慶賀の至りである。

この風景を見て、やはり日本の未来は「観光立国」だろうと思った。食文化と接客の質において、間違いなく日本は世界一である。物価が高いのがネックだったが、為替格差のせいで日本は外国から見ると「非常に物価の安い国」になった。前にスキー場のリフトで隣り合わせたオーストラリアの青年になぜこんな遠くまで来たのか訊《き》いたら「国内のスキー場に行くより、日本まで飛行機で来た方が安いから」と教えてくれた。たぶん、箱根にひしめいていた観光客たちも「スペインやイタリアより日本の方が安い」からいらした方たちなのだろう。

こうなったら、もう「これで行く」と腹をくったらどうかと思う。温泉、神社仏閣、桜や紅葉の名所、伝統芸能、美酒美食……日本には世界に誇る観光資源がある。一朝一夕でできたものではない。千古の努力の成果である。

これに類する観光資源を有する国はアジアには存在しない。接客サービスの費用対効果では欧米をはるかに凌《しの》ぐ。だとすれば、世界中の人が「日本に行きたい。日本で休暇を過ごしたい。できたら日本で暮らしたい」と思うところまで「歓待の国」化したらどうか。

中国人富裕層が日本に不動産を購入することを「侵略だ」と気色ばむ人がいるけれど、早とちりしないでほしい。そういう人たちは資産を移す先は「できるだけ社会秩序が安定的であってほしい」と願うものである。

だから、もし中国政府が仮に日本との関係を対立的な方向に進めようとした場合に「そういうことは止《や》めておいてほしいです（私の家があるんですから）」と宥和的《ゆうわてき》な政策を願うはずだからである。スイスの銀行に個人口座を持っている人たちは（テロリストでさえ）「スイス侵略」に反対するのと同じ理屈である。

究極の安全保障は「その国が侵略されたり、破壊されたりすると私が個人的に困る」というステイクホルダーを全世界に持つことである。兵器を買う金があったら観光資源を充実させる方が安全保障上効果的であると私は考えるが、いかがだろう。

（2024年4月15日）

士の本質は「痩せ我慢」

二階俊博元幹事長が代表をつとめる政治団体が約３５００万円を書籍代に投じていた。購入図書の内訳を見ると、『ナンバー2の美学 二階俊博の本心』『二階俊博幹事長論』『自民党幹事長 二階俊博伝』といった「自分についての本」が過半だった。中には一冊だけで１０００万円を超える購入代金を支払った本もある。

原資の一部は税金である。他人の金を使って自分についての本を買って配布するということをこの人は「恥ずかしい」とは思わなかったのだろうか。思わなかったのだろう。思っていたら、こんなことはしない。

今どきこんなことを言うと世間知らずと笑われそうだけれど、「あなたには矜持《きょうじ》というものがないのか」と言いたくなった。

二階氏はおそらく自分のことを「国士」の類だと思っているのだろうが、その自己認識は誤っている。士の本質は腕力でも金力でもなく、「痩せ我慢」だからである。

福澤諭吉はその『瘠《やせ》我慢の説』にこう書いている。

「瘠我慢の一主義は固《もと》より人の私情に出《いず》ることにして、冷淡なる数理より論ずるときはほとんど児戯《じぎ》に等しといわるるも弁解に辞なきがごとくなれども、世界古今の実際において、所謂《いわゆる》国家なるものを目的に定めてこれを維持保存せんとする者は、この主義に由《よ》らざるはなし。」

福澤は痩せ我慢こそが「立国の大本」だと言う。幕末維新の時、徳川家の命脈尽きたことを察して、勝海舟が「敵に向かって抵抗を試みず、ひたすら和を講じて自ら家を解きたる」ことは合理的な解ではあったが、「数百千年養い得たる我日本武士の気風を損なう不利」をもたらした。戦火で江戸の町を灰燼《かいじん》に帰すことは避けられたが、士風は失われた。得失を計算すると日本は大赤字になったと福澤は言う。

ただし福澤は日本人全員に向かってそう言ったわけではない。『瘠我慢の説』は勝海舟と榎本武揚《たけあき》に宛てた「私信」なのである。あんたたちみたいな例外的なスケールの人は痩せ我慢をしてでも士道を貫いて国の大本を守る義理があったんじゃないかい、と書いたのである。

公金の支出明細を見て、日本の要人たちの辞書から「痩せ我慢」の文字が消えて久しいことを知った。

（2024年5月8日）

「死ぬ」とはどういうことか

ある国会議員から会いたいという連絡を受けた。政局の話かと思って伺ったら、「先生は死というものをどうお考えですか？」と質問された。政権交代の可能性についてあれこれ仮説を考えていたところに「そんなこと」を訊かれたので、びっくりしたが、「死」は私の念頭を去ったことのない主題であるので、思うところを述べた。

動物は自分がいつか死ぬということを考えない（訊いたわけではないから断言はできないが、たぶんそうだと思う）。人間は自分がいつか死ぬということを勘定に入れて生きている。子どもでもそうだ。私はそうだった。十歳くらいのとき、自分が死ぬことを考えると不安のあまり寝つけなかったことがしばらく続いた。だから、一人ひとりが「自分がいつか死ぬ」ことの耐え難さを緩和するために、それぞれの物語をつくることになる。私も一つ自前の物語を持っている。

私はもう古希を過ぎて久しい。歯はインプラントだし、膝には人工関節が入っている。狩猟民の昔だったら、食物も嚙み切れないし、集団について歩くこともできない老人だから、とっくに路傍に捨てられて死んでいたはずである。

だから、私の今の状態は「生きている」というよりは「まだ死んでいない」という方が近い。だんだん死に始めているけれど、まだ死に切っていないというのが私の実感である。そのうち生物学的な死が訪れて、葬式も済み、「偲《しの》ぶ会」もにぎやかに行われ、遺稿集も編まれ、やがて知人友人たちもだんだん鬼籍に入る。そして法要の席で誰かが「みなさんももうお足がおぼつかないお年になられたので、どうでしょう、この十三回忌あたりで内田先生の法要も終わりにしようと思うのですが」と言い出して、みんな「そうだね」と頷《うなず》く。それから後は古い門人や教え子がたまに墓の苔《こけ》を掃《はら》いに来るだけで、私の名前を記憶している人もしだいにいなくなる。

そう考えるとだいたい生物学的に死ぬ十三年前くらいから「死に始め」、十三回忌あたりで「死に切る」という計算になる。つまり人間は前後27年かけてゆっくり死ぬ。というのが私のつくった物語である。

こんな話なんですけれど、いかがでしょうかと言うと、かの国会議員も深く頷いて、「なるほど、そういう考え方もあるんですね」と納得されていたようである。

「自分が死ぬことの耐え難さ」を緩和するためにはいろいろな物語があり得る。現世で功徳を積めば来世はいいことがあるというのも、極楽浄土に往生するというのも、そのうち弥勒菩薩《みろくぼさつ》が救いに来てくれるというのも、どれも多くの人が選択した物語である。その中でもすぐれたものに「黄泉《よみ》の国」を旅する物語がある。

村上春樹の長編小説の多くはある時期から主人公が「穴」に落ちて、「黄泉の国」を経巡《へめぐ》ってから戻って来るという構造になっている。河合隼雄《はやお》は村上春樹との対談で、「死後の世界」について想像力を行使するというのはとてもよい死への心がけだと述べている。

「いろいろ方法はあるのだけれど、死後に行くはずのところを調べるなんてのはすごくいい方法ですね。だから、黄泉国へ行って、それを見てくるということを何度もやっていると、やがて自分もどこへ行ったらいいかとか、どう行くのかということがわ

かってくるでしょう。」（『村上春樹、河合隼雄に会いにいく』岩波書店　1996年）
さすがに河合先生は言うことが違う。

（2024年5月8日）

「共感」に価値を置くことへの警告

先日、ある文学賞の選考にかかわっている編集者からこんな話を聴いた。この文学賞では投稿されてきた作品を編集者たちがまず「下読み」をして、候補作を絞り込んでから選考委員会に上げる。何百本も応募作が届くのだから当然である。

その「下読み」の時に、若い編集者がある作品について「これは落としましょう」という低い評点を付けた。理由を訊《たず》ねたら「主人公に共感できないんです」とこともなげに言ったそうである。

「驚きました」と私に話してくれた人はため息をついた。「主人公に自分が共感できるかどうかが文学作品の質の判定基準なんですよ……」。

「すごいですね」と私も応じた。その基準だと『悪霊』や『変身』はたぶん一次選考で落ちてしまうだろう。

共感できるかどうかというのは個人の気質の問題である。「自分と近い」ということはその作品に「価値がある」ということを意味しない。そんなのは自明のことであると思っていたが、いつの間にかそうではなくなっていた。自分とケミストリーが近いかどうかがある時期から「価値」の基準に採用されるようになった。

今回の都知事選を論じたものの中に、二位になった石丸伸二候補について、「若い人たちの共感を集めた」という分析を多く読んだ。そうだろうと思う。攻撃的で冷笑的であることが生き延びる上では力強い「ウェポン」になるということを経験的に習得してしまった若い人たちが、石丸候補のうちに「自分と同じケミストリー」を感じることに不思議はない。

左派系の人たちは「若い人たちは情報が不足しているから、こんな選択をしたのだ。事実を開示されたらこんな投票行動をしなかったはずだ」という「啓蒙《けいもう》主義的」総括に傾きがちだけれど、私はこれには同意しない。投票行動が共感ベースなら情報の多寡は問題にならないからである。

共感ベースなら、石丸候補がいかなる政治的立場を取っているかも、公約が何であるかも関係がない。動画を見て、街宣を聴いて、自分と「同じ生地」でできている人間らしいと感じたら、投票行動を決定する情報としてはそれで十分である。

でも、共感ベースで政治的判断を下すことについては、それがいかに危険なことかはしっかりとアナウンスしなければならないと思う。共感ベースで政治的判断を下すということは、理解も共感もできない人たちとのコミュニケーションは初めから放棄するということだからである。それでは「他者」と共に社会を構成することができない。私たちの社会はすでに300万人の外国人を擁している。人種も言語も宗教も食文化も異なる人たちと共生するときに、共感ベースは使い物にならない。

ただ、このリスクについては左派の人も決してそれほど神経質であるようには見えない。ずいぶん前から「市民目線」とか「生活者視点」ということを左派の人々も言うようになった。それに基づいて公約の適否を判断してよいということなのだとすると、それは要するに「自分にとっての損得」を基準にして政治的に行動してよいということである。

しかし、自己利益の増大は必ずしも集団全体の利益の増大に結びつくわけではない。部分最適と全体最適はしばしば背反する。当たり前のことである。だとしたら、どのあたりが「おとしどころ」かを思量するのが、政治的に成熟した市民のなすべきことではないのか。

それをあっさり「市民目線で」と言い切ってしまう人は共感ベースの投票行動を認めていることになる。

不安なことに、共感ベースの政治に対するつよい懸念や批判を私はこの20年ほど目にした覚えがない。それどころか人々は久しく「理解でき共感できる身内」がどこからどこまでか精密な境界線を引くことを「アイデンティティーの確立」と称して、その不毛な仕事にひたすらうちこんできた。そうやってわずかな目くばせや符牒《ふちょう》だけで身内認定できる技術を磨いてきた。みごとな達成だと思う。けれども、そうやって孜々《しし》として共感の輪を創り上げていたら、気がついたら身内以外とは意思疎通が困難になってきていた、ということはないのだろうか。

その身内認定にしても本人が「あいつはオレと同じケミストリーの人間だ」と思い

込んでいるだけで、一種の関係妄想に過ぎない。非正規雇用の若者が「経営者目線」を内面化したり、年収２００万の人間がＩＴ長者に喝采を送ったりする光景は珍しくないが、先方は別に「貧しい身内」を内輪のパーティに呼ぶ気なんかありはしない。

近代市民社会がそれまでの封建社会から脱却できたのは共感ベースを廃して社会契約ベースにしたからである。共感ベースではある程度以上の規模の集団を維持することができないからである。

旧ユーゴスラビアはかつて「六つの国、五つの民族、四つの言語、三つの宗教、二つの文字」から成る混成国家だったが、「政治単位は共感ベースであるべきだ」というイデオロギーが支配的になったせいで内戦の果てに六つの国に分解した。

ホセ・オルテガ・イ・ガセットは、今から１００年近く前にこう書いている。

「文明とは何よりもまず共同生活への意志である。他人を考慮に入れなければ入れないほど非文明的で野蛮である。野蛮とは、分解への傾向である。だからこそ、あらゆる野蛮な時代は、人間が分散する時代であり、たがいに分離し敵意をもつ小集団がはびこる時代である。」（『大衆の反逆』）

いま世界は再び野蛮に退行しているように私には見える。

（2024年7月24日）

「最終学歴がアメリカ」を誇る、残念な人々

自民党総裁選についての報道は専《もっぱ》ら候補者たちの政策や党内基盤についてのみ論評している。でも、見落としていることがある。それは9人の候補者のうち6人の最終学歴がアメリカの大学または大学院だということである。残る3人のうちの1人も、日本の大学を出た後にアメリカの下院議員のスタッフになったことをその後のキャリア形成においてずいぶん強調していた。ということは、自民党に限って言えば、最終学歴がアメリカであることがどうやらキャリア形成の必須条件だということである。

私の知る限りでも、日本の富裕層の中では中等教育から子どもを海外あるいはインターナショナル・スクールに送り込むことが普通になってきている。その方が英語圏の大学に進む上でアドバンテージが大きいからだと説明された。

「グローバル化の時代なんだから、レベルの高い教育を受けるために海外に出るのは

個人の自由だ。横からがたがた言うな」と言う人もいるだろう。だが、私はこういう傾向は端的に「よくない」と思う。

ハーヴァード大学の学費は年間５６５００ドルである。日本円で８００万円。生活費を入れると年間１０００万円以上を支出できる家庭の子どもしかアイヴィー・リーグに留学することはできない。このハードルを越えられるのは、日本国民の数％にも達しないだろう。

ご存じの通り、日本の学校教育への公費支出のＧＤＰ比率は久しく先進国最低レベルである。高等教育機関の私費負担割合は、日本が67％。ＯＥＣＤ平均は39％である。見ればわかる通り、日本の政府は「高等教育については自己責任で（お金のある人はよい教育を、ない人はそれなりに）」という方針で教育政策を実施している。

海外の大学大学院を出た人たちがそのまま海外で生活するのなら「グローバル化」と言えるかも知れない。だが、自民党総裁候補者たちのキャリアが明らかにした通り、彼らがアメリカで高等教育を受けたのは、その学歴が日本に帰ってきてから支配層に駆け上がるための捷径《しょうけい》だと思ったからである。

だが、これは典型的な「植民地人」のふるまいである。

明治維新のあと、先人は日本人が、日本語で高等教育を行える高校・大学を短期間に創り上げた。これは見事な達成だったと私は思う。彼らは「教育は海外にアウトソースしてはならない」ということ、高等教育を自国語で行えることが植民地にされないための必須の条件だということを知っていたからそうしたのである。

今でも母語で大学院教育が行われ、母語で書いた論文で博士号が取れる国は決して多くない。日本はわずか1億2500万人の母語話者しか存在しないにもかかわらずそれができる例外的な国の一つである。

だが、いま支配層たちが進めているのは「グローバル化」という看板の下での「高等教育のアウトソーシング」である。「海外にレベルの高い高等教育機関があるなら、何も高いコストを負担して国内につくる必要はないじゃないか」と彼らは考えている。

お金持ちはそう考えるのである。そうすれば経済格差が教育格差を経由して、自動的に階層格差を再生産するからである。国内にまともな高等教育機関が存在しないなら、「下から」這い上がって、彼らの地位を脅かすかも知れない貧しい若者たちは制度的に排除できる。たしかに合理的な考えである。けれども、ここには致命的な過誤がある。

19世紀アメリカでも富裕層は公教育の導入に反対した。われわれの子どもの競争相手を育てるためになぜ税金を投じなければならないのか。貧乏人は自己責任で教育機会を手に入れろ、と。一理はある。けれどももしその理屈に従っていたら、アメリカは今も後進国のままだったろう。

（2024年9月26日）

「組織マネジメント原理主義者」の危険性

兵庫県の斎藤元彦知事の失職に至る一連の出来事には現代日本の組織を特徴づける歪《ゆが》みが露呈していたように思われる。「組織マネジメント原理主義」と私が繰り返し呼んできたものである。

あらゆる組織は何らかの使命を託されており、それを実現するために存在する。けれども、組織が長く生き続けると、人々はその組織がそもそもいかなる「よきこと」をもたらすために、あるいはいかなる「悪しきこと」を防ぐために創建されたのか、その起源を忘れてしまう。必ず忘れる。そして、いつの間にか組織の存続が自己目的化する。何のためにこの組織が存在しているのかを問うことを忘れて、「どういう組織であるべきか」についてばかり語り始める。

私が「組織マネジメント原理主義者」と呼ぶのはこの人たちのことである。彼らは組織がそもそも何のために創建されたのかを問うことを止めて、社会の変化にそのつど最適化するためには組織はどう編制されなければならないか、それだけを考えている。そして、後期資本主義社会においては、あらゆる組織は株式会社のように上意下達的に組織化されていなければならないと考えるに至った。これはもう「信仰」と言ってよい。

あらゆる組織は最上位者の指示が末端まで遅滞なく示達されなければならない。完全に中枢的に統御された組織こそ最も迅速に環境の変化に即応できる。「組織マネジメント原理主義者」はそう信じている。

でも、それはただの「思い込み」である。少し考えればわかるが、中枢的に統御された組織は、中枢が無能で愚鈍であれば、環境の変化に即応できず破滅する。そして、まことに残念なことに、組織マネジメント原理主義者は「組織マネジメント原理主義者が組織マネジメントを担うべきである」という同語反復的命題のうちから踏み出すことができない。ほんとうは「賢い人が」が主語になるべきなのに。

兵庫県知事は典型的な「組織マネジメント原理主義者」だった。だから、県庁を中枢的に統御することについてはきわめて熱心だったし、率直に言って、その事業にはそれなりに成功したと思う。

「パワハラ」と称されるものについて、彼自身は「強めの指導」ということ以上のものではないと今でも信じているはずである。それは「硬直的な制度」に文字通り「キックを入れて」、組織化を可塑化するためだったのである。下僚に暴言を吐いたり、無意味なタスクを強いたのも「ボスは誰か」を思い知らせて、組織は惰性や前例に従うのではなく、トップの恣意《しい》に従うべきだという「新しいルール」を周知するための努力だったのである。

おそらく、彼は知事1期4年をかけて県庁内に恐怖政治を敷き、その結果県庁を完全な中枢的な上意下達組織（独裁制と言ってもよい）につくり替え、2期目以降にそれを足場に県政のドラスティックな改革を実現するつもりでいたのだと思う。組織マネジメント原理主義者としてはそう考えることは少しも間違っていない。

彼の犯した最大の間違いは、中枢的な組織のトップで独裁的な権限をふるうことが許されるのは「そういうのが好きな人」ではなくて、「賢い人」でなければならないという「原理主義以前」の自明の真理を見落としていたことである。

今の日本社会にはこの知事と同類の「あまり賢くない組織マネジメント原理主義者」が跳梁跋扈《ちょうりょうばっこ》している。日本がここまで没落した理由の過半はそのせいであると私は思う。

（２０２４年10月11日）

加速する「新聞」の落日

10日ほど入院していた。部屋にはテレビがあったが、テレビを観る習慣がないので一度もつけなかった。新聞は朝夕部屋に届けられた。暇なのでこれは隅から隅まで読んだ。そして深い吐息をついた。なんと無内容なのか。日本有数の全国紙なのに、一つとして再読したくなる記事がなかった。

たしかに何が起きたのかは伝えられている。けれども、その出来事が「何を意味するのか」についてはみごとに何も書かれていない。いや、昨日今日の間に生じた変化についてなら多少は書いてある。「昨日と今日では言うことが変わった」とか「先週予想されていたのとは違う展開になった」くらいのことは書かれている。けれど、1年前から、あるいは10年前から、あるいは100年前からの歴史的文脈の中で今起きている出来事を俯瞰《ふかん》するという記事にはついに一度も出会わなかった。日本のジャーナリズムにそういう知的習慣がないということは身に浸《し》みてわかった。

だが、かなり長いタイムスパンの中において見ないと、出来事の意味というのはわからない。だから、文脈が示されないままに速報記事をいくら読まされても、今何が起きているのかはわからない。10日間新聞を読んでそれがよくわかった。これでは購読者がいなくなって当然である。

2024年6月の調査で、朝日新聞は発行部数340万部、読売新聞は586万部だった。15年前に朝日は800万部、読売は1000万部を称していたからすさまじい部数減である。

2013年に私が朝日新聞の紙面審議委員をしていた当時、毎年5万の部数減だという報告を聞いた。危機的な数字ではないかと私が質《ただ》したら、当時の編集幹部に鼻先で嗤《わら》われた。「内田さん計算してみてくださいよ。年間5万部なら800万部がゼロになるまで160年かかるんですよ」。

でも、実際には10年で60％部数を減らした。新聞記者は自分の足元で起きていることについてよく理解できていないということをその時知った。自分の足元で起きていることについて理解できない人間が、それ以外のトピックについては例外的に高い分析能力を発揮するということを私は信じない。

おそらくもうずいぶん前から日本のメディアは「現実を観察し、解釈し、その意味を明らかにし、これから起きることを予測する」といった一連の知的プロセスを放棄してきたのだと思う。

もし報道において最も重要なのが「客観性」と「速報性」であるというのがほんとうなら、たしかにそのような「知的プロセス」は無用のものである。出来事の「解釈」に踏み込めば「主観」がまじるし、歴史的「文脈」を論じれば速報性とは無縁の「長い話」を語らなければならない。ストレートニュースを「未加工」のままごろんと放り出しておけばメディアの仕事は終わるなら話は簡単だ。

でも、そう思うようになってからメディアの頽廃《たいはい》はとめどなく進んだ。その記事が何を意味するのか、書いている記者も読んでいる読者もわかっていないようなニュースに読む価値はあるのだろうか。私は「ない」と思う。

新聞から読者が離れた最大の理由は新聞から批評性が失われたからである。批評性というのは今自分たちが囚《とら》われてる「臆断の檻《おり》」から逃れ出て、少しでも自由に言葉を語りたい、少しでも知性の可動域を拡げたい、少しでも遠くまで想像力を疾走させたい……という書き手の「切望」のことである。そのような「切望」を新聞記事からはもうまったく感じることがない。

だが、出来事を定型的な枠組みの中にはめ込んで、定型句で叙しただけの文章を読んで過ごすほど私たちの人生は長くない。

（2024年10月10日）

「食糧自給率」が低い――その思想的な要因

京大の藤井聡教授と農業について話す機会があった。藤井先生と私は政治的立場はずいぶん違うが、農業を守ることと対米従属からの脱却が必要だという点については意見が一致している。二人とも「愛国者」なのである。

ご存じの通り、日本の農業は衰退の一途をたどっている。私が生まれた１９５０年代、日本の農業就業人口は１５００万人だった。総人口の２割が農業に従事していた計算になる。２０３０年の農業従事者は予測で１４０万人。かつての１割以下にまで減ることになる。

わが国の食糧自給率は38％（鈴木宣弘東大教授によると実は10％以下らしい）。食糧自給率はカナダが２６６％、オーストラリアが２００％、アメリカが１３２％、フランスが１２５％、ドイツが86％、英国が65％、イタリアが60％。日本は先進国最低である。政府は2030年には自給率を45％まで上げることを目標にしているが、農業従事者が減り続けているのに、どうやって農業生産を増やすことができるだろうか。

大企業を招致して、大規模な機械化によって生産性の高い農業を実現するというような夢物語を語っているが、企業は自分の土地からの収穫には関心があるだろうが、森林や海洋や河川湖沼のような生態系の保全コストは負担してくれない。でも、生態系が維持されていないと、農業は成立しない。これまで生態系の維持は農民が「不払い労働」として担ってきた。資本主義企業は「コストの外部化」が基本であるから、そのようなコストは絶対に負担しない。結局、農業ができる生態系の保全コストは税金で賄われることになる。多額の税金を投じて企業が金儲けできる環境を整備しなければ成立しない農業のどこを「生産性が高い」と呼べるのか。

農業は始まって1万年。資本主義市場経済が始まってまだ200年。どちらに人間の経験知が蓄積しているか、考えるまでもないだろう。

日本の食糧自給率が先進国の中でも際立って低いのはなぜか。一つはわが国では農産物についても「必要なものは、必要な時に、必要なだけ市場で調達すればよい」という市場原理主義が支配的だからである。そんなはずがないことは、コロナのパンデミックで骨身にしみたのではなかったか。

マスクや防護服や検査キットは製造するためにそれほど高度の技術も機械も要さない。だから、アメリカは感染症が発生した時には大量に必要になる医療品であるにもかかわらず、それらの基礎的な医療材料を製造コストの安い外国にアウトソースしていた。その結果、医療崩壊が起きて、たくさんの人が死んだ。これは「在庫を持たないこと」を経営の成功だと信じていたビジネスマンがもたらした災禍である。

農産物もそれと同じである。戦争でも、パンデミックでも、自然災害でも、円安でも、どんな理由でも「必要なものが手に入らない」ということは起きる。だから、集団が生き延びるために必要なものは自給自足が原則なのである。事実、アメリカは医療崩壊のあと、必須の医療資源を国産に切り替えて、輸入に頼ることを止めた。価格は割高になるけれども、国内生産であれば、必要な時に必要なだけただちに調達できる。それで国民が死なずに済むのなら、自給こそが常識的な対応である。

集団が生き延びるために絶対に必要なものはエネルギーと食糧と医療と教育である。でも日本のエネルギー自給率は12・6%。先進国で、100%を超えているのはノルウェー、オーストラリア、カナダ、アメリカだけである。英仏が60%前後、ドイツが35%。それに比べても日本は異常に低い。何か起きてサプライ・チェーンが途絶したら、日本はたちまちエネルギーが枯渇する国なのである。

けれども、どの基幹資源についても、日本政府は自給自足をめざしているように見えない。むしろ「あなたなしでは生きてゆけない」という弱さを誇示しているように私には見える。

日本の農業が壊滅すればアメリカは日本に対して文字通り「生殺与奪の権」を持つことになる。それを為政者たちは属国の代官の地位と引き換えに差し出そうとしている。

藤井聡先生とそんな話をした。

(2024年9月30日)

「虚無感」に苛まれている有権者たち

総裁選中は現行の「健康保険証」と「マイナ保険証」について問われて、「併用も選択肢として当然ある」と答えていた石破茂氏だったが、政権が発足すると同時に、健康保険証を12月2日に廃止して、マイナンバーカードに原則一本化する政府方針を「堅持する」とアジェンダを覆した。多くの人がこの食言を咎《とが》めている。

でも、よく考えると、間尺に合わない話である。自民党総裁選は「内輪のパーティ」であって、総裁になるためには別に国民に受けるアジェンダを掲げる必要はなかったのである。ではなぜ一瞬だけ国民に期待を抱かせておいて、また失望させるような余計なことをしたのか。

健康保険証の廃止に対しては医療現場も利用者も反対している。早期導入を求めているのは霞が関と財界だけで、これを争点化すれば総選挙で票を減らすことはあっても増やすことはない。ご祝儀で支持率が高いうちに総選挙という知恵が働くなら、「健康保険証廃止は延期」にした方が得票は増えるくらいのことはわかるはずである。あえて国民の気分を逆なでするのはなぜか。

これは安倍政権以来三代の「成功体験」を踏まえての政治判断だと私は思う。安倍・菅・岸田三代の政治の特徴は「国民の要望には一切応じない」という点にあった。国民が無力感に蝕《むしば》まれ、政治参加の意欲を失し、選挙で棄権し、結果的にコアな集票組織を持つ政権与党が選挙に勝ち続けるという「必勝パターン」を自民党は発見した。民意に応じると有権者はつけあがる。それよりも「お前たちは無力だ」と思い知らせる方が政権は安定する。

現行健康保険証の延長は国民の切なる願いである。それを踏みにじることで自民党は有権者の「期待」を失うが、代わりに有権者に「無力感」を与えることはできる。おそらく後者の方が政権延命には資する。そういう判断があったのだと思う。

私が知る限り、政治がここまで虚無的になったことはかつてない。

（2024年10月8日）

兵庫県知事選に見るメディアの役割

兵庫県知事選挙は過去に見たことのない展開になった。

斎藤前知事は、公人としての資質に関わる内部告発があった時に「犯人捜し」を強行して、内部告発者を懲戒処分にしたことが公益通報者保護法違反である疑いを持たれた。百条委員会でも前知事は「処分は適切だった」と譲らず、道義的責任も法的責任も拒否した。その結果、県議会の全会一致の不信任を受けて失職した。その前知事が出直し選挙で圧勝した。

県議会と対立して失職に追い込まれたが、「県議会と知事と、どちらの言い分が正しいか」という選択を有権者に求めて再選を果たした県知事は過去にも存在した。だが、今回は事情が違う。問われたのは議会と知事の政策上の対立ではなく、斎藤氏個人の資質問題だったからである。だが、公人として適性を欠いているという理由で不信任を突きつけられた前知事はこれを「大胆な県政改革をめざした知事が、守旧派県議会と既存メディアに敵視された」という政治的なストーリーにつくり替えて、有権者の支持を集めることに成功した。

シリアスな問題は「斎藤支持」を掲げた別の立候補者が登場して、百条委員長の県議自宅前で脅迫行為を行ったり、街宣で虚偽の情報を繰り返すという仕方で結果的に前知事の当選をアシストしたことである。おそらくこの候補者は訴追されることになると思うが、公選法の「穴」を利用した、前代未聞の不祥事という他ない。

斎藤支持者たちはしばしばメディアの取材に「新聞テレビでは前知事に非があるという情報ばかり流れていたが、ネットではそれとは反対のことが言われていたので、そちらを信じた」と述べている。

ここまでのメディア不信を招いたのはもちろんメディアの側の責任である。これまで筋目の通った、信頼性の高い報道を発信し続けていれば、これほど多くの市民が「メディア不信」を口にするはずがない。

もちろんネットで配信される情報は「玉石混淆《ぎょくせきこんこう》(多くが石)」であり、真偽の判定には高いリテラシーが求められる。だが、そのような批評的知性が必要だという社会的合意も、それを育てる仕組みも今の日本にはない。

（２０２４年11月27日）

「民主政」の終わり

都知事選の翌日にニッポンドットコムという媒体からインタビューを受けた。以下はその記事に少しリタッチしたもの。

今回の都知事選では、選挙は民主主義の根幹を為す営みであるという認識がかなり深刻な崩れ方をしているという印象を受けた。選挙というのは有権者が自分たちの立場を代表する代議員を選ぶ貴重な機会であるという認識が日本からは失われつつあるようだ。

投票する人たちは「自分たちに利益をもたらす政策を実現してくれる人」を選ぶのではなく、「自分と同じ部族の属する人」に投票しているように私には見えた。自分と「ケミストリーが似ている」人間であるなら、その幼児性や性格の歪みも「込み」

で受け入れようとしている。だから、仮に投票の結果、自分の生活が苦しくなっても、世の中がより住みにくくなっても、それは「自分の属する部族」が政治権力を行使したことの帰結だから、別に文句はない。

自分自身にとってこの社会がより住みよくなることよりも「自分のような人間たちから成る部族」が権力や財貨を得ることの方が優先する。これが「アイデンティティ・ポリティクス」と言われるものである。

自分が幼児的で、利己的で、偏狭で、攻撃的な人間だと思ったら、かつてならそれは「成熟」へのインセンティブになった。「もっとちゃんとした大人になろう」と思った。でも、今は違う。今は「そういう自分がけっこう好き」だとカミングアウトすることの方が人間的で、端的に「よいこと」だとされる時代なのだ。

正直言って、私には意味がわからない。この人たちはそんなに自分が好きなのか。そんなに同じ自分のままでいたいのか。私は同じ人間のままでいるなんてまっぴらである。息苦しいし、不自由だし、何より退屈で仕方がない。「自分自身に釘付けにされていること」をエマニュエル・レヴィナスは考えられる限り最も苦痛な体験だと書いていた。私もまったくそうだと思う。そもそも「自分が自分でしかあり得ないことの不快」を推力として、生物はここまで進化してきたのではないのだろうか。単細胞生物が単細胞生物であることに自足していたら話はそこで「おしまい」である。だから、アイデンティティーに固執する人たちを見ていると、私は奇妙な生き物を見ているような気になる。なぜ「そんなに自分自身でいたい」のか。自分であることにうんざりすることがないのだろうか？　いや、ほんとに。率直にそう訊きたいのだ。

選挙の話をしているところだった。

今回の都知事選では、選挙を単なる売名や金儲けに利用しようとする候補者が多数登場した。

公選法に限らず、私たちの社会の制度の多くは「性善説」あるいは「市民は総じて常識的にふるまうはずだ」という仮定のもとに設計・運営されている。でも、「性善説」の制度は隙間だらけである。その隙を「ハック（hack）」すれば、目端のきいた人間なら誰でも簡単に自己利益を確保できる。候補者にさまざまな特権が保証されている選挙という機会を利用しても、私利私欲を追求したり、代議制民主主義そのものを嘲弄することは可能である。そのことを今回の選挙は明らかにした。もう「性善説」は立ち行かなくなったらしい。

だが、選挙がこれだけ軽視されるに至ったのは2012年以後の安倍・菅・岸田三代の自民党政権の立法府軽視が一因だと私は考えている。

日本国憲法では立法府が「国権の最高機関」とされているが、安倍政権以来、行政府を立法府より上位に置くことに自民党政権はひとかたならぬ努力をしてきた。その結果、国政の根幹にかかわる重要な事案がしばしば国会審議を経ずに閣議だけで決定され、野党がはげしく反対する法案は強行採決された。国会審議は実質的には意味を持たない「形式的なセレモニー」であるように見せかけることに自民党政権はきわめて熱心だった。

安倍元首相は「私は立法府の長である」という言い間違いを四回口にした。これはおそらく「議席の過半数を占める政党の総裁は自由に立法ができる」という彼自身の実感を洩《も》らしたものであろう。だが、法律を制定する立法府の長が、法律を執行する行政府の長を兼ねる政体のことを「独裁制」と呼ぶのである。つまり、彼は「私は独裁者だ」という民主主義の精神を全否定する言明を繰り返していたことになる。

現行憲法下で独裁制を実現するために、さしあたり最も有効なのは「立法府の威信を低下させること」である。有権者の多くが「国会は機能していない」「国会審議は無内容なセレモニーに過ぎない」「国会議員は選良ではなく、私利私欲を優先する人間だ」という印象を抱けば、民主政は事実上終わる。だからこそ、自民党はこの12年間、国会議員は（自党の議員を含めて）知性的にも倫理的にも「ふつうの市民以下かも知れない」という印象を扶植することになみなみならぬ努力をしてきたのである。そして、それに成功した。知性においても徳性においても「平均以下」の議員たちを大量に生み出すことで、自民党は政党としては使い物にならなくなったが、その代償に立法府の威信を踏みにじることにはみごとな成功を収めた。

その帰結が、「代議制民主主義を嘲弄する」人々が選挙に立候補し、彼らに投票する多くの有権者が少なからず存在するという今の選挙の現実である。

今回の都知事選で二位につけた石丸伸二候補は安芸高田《あきたかた》市長時代に市議会と繰り返

し対決し、市議会が機能していないことを訴え続けてネット上の注目を集めた。立法者と行政者は対立関係にあり、行政者が上位にあるべきだという、安倍元首相が体現してきた独裁志向路線を彼は忠実に踏まえている。維新の会も独裁志向では変わらない。「議員の数を減らせ」という提言は「無駄なコストをカットする」合理的な政策のように聞こえるが、実際には「さまざまな政治的立場の代表者が議会で議論するのは時間の無駄だ。首長に全権委任しろ」という意味でしかない。

自民党の裏金問題は、国会議員たちがその地位を利用して平然と法律を破っている事実を白日の下にさらした。この事件は「国会議員はろくな人間ではない」という民主主義を空洞化するメッセージと、「政権に近い議員であれば、法律を犯しても処罰されない」という法の支配を空洞化するメッセージを二つ同時に発信していた。

このメッセージを警告として受けとった人は「今のままではいけない」と思って政治改革をめざすだろうが、このメッセージを現状報告として受けとった人は「民主政は終わった」という虚無感に蝕まれるだけだろう。そして、日本人の相当数は、このニュースを「世の中とはそういうものだ」という諦念と共に受け止めたように私には見える。

英国の首相チャーチルはかつて「民主政は最悪の政治形態だ。ただし、過去の他のすべての政治形態を除いては」と語った。

なぜ民主政は「最悪」なのか。それは運用がきわめて困難な政体だからである。民主政は「合理的に思考する市民」が多く存在することを前提にした制度である。有権者の多数が「まともな大人」でないと、民主政は簡単に衆愚政に堕す。だから、民主政は人々に向かって「お願いだから大人になってくれ」と懇請する。民主政は有権者に向かって「いまあるあなたとは違う人間になってくれ」と懇請するのである。「よけいなお世話だ」と腹を立てる有権者がいても不思議はない。そして、実際に多数の有権者が「大人になってくれ」という制度からの懇請に腹を立てて「オレはオレのままでいいんだよ。オレはオレが大好きなんだ」と口を突き出すようになった。そうやって民主政は終わりに近づいている。

市民に向かって政治的成熟を求める政体は民主政の他にはない。帝政も王政も貴族政も寡頭政も、どれも「市民が幼稚で愚鈍である方が統治コストが安く上がる政体」

である。だから、これらの政体は市民に向かってさまざまな機会に「成熟するな」というメッセージを送る。「難しいことは考えなくていい。考える仕事は私たち支配者が代わって行うから、お前たちは愚鈍のままでいい」という甘い言葉を送り続ける。「帝力なんぞわれにあらんや」とうそぶいて、自分が支配されていることさえ気づかなかった「鼓腹撃壌《こふくげきじょう》」の老人こそ愚民の理想である。

その中にあって、民主政だけが、市民を甘やかさない。市民に対して「大人になれ」という面倒な仕事を押し付ける。だから、民主政は嫌われるのである。たぶんこれからも民主政は嫌われ続けるだろう。有権者たちが「あなたがたは今あるがままでよいのです。成熟する必要も、自己刷新する必要もありません」という甘ったるいメッセージを言い交わしているうちに民主政は終わるのである。

（2024年7月12日）

第2章

世界の中を彷徨う日本

第二期トランプ大統領誕生の「最悪のシナリオ」

先日、左翼の企業家たちの集まりに呼ばれて講演をすることがあった。「左翼の資本家」というものが存在するのである。世間は広い。

そこでトランプが二期目の大統領になったら日本の安全保障はどうなるかという話をした。可能性は非常に低いが、日米安保条約をアメリカが廃棄するということは可能性ゼロではない。そこで、私の貧しい想像力を駆使して想定し得る「最悪のシナリオ」をお話してみた。こんな話である。

日米安保が廃棄されて、在日米軍が撤収すると何が起きるか。日本の政治家も官僚も政治学者も、戦後80年「日米同盟基軸」という話しかしてこなかったので、日米安保がなくなった後の「自前の安全保障戦略」というものを持っていない。それについて一度も考えたことがないのだから仕方がない。だから、アメリカから「あとはよろしく。自分の国は自分で守ってね」と通告されたら、政治家も官僚も腰を抜かす。辺りを見回すと、とりあえず国防についての専門的な情報と知見を備えているのは自衛隊しかいない。だから、自衛隊にすがりついて、「これからどうしたらいいでしょう」と訊ねることになる。

でも、訊かれた自衛隊だって困る。「アメリカ抜きの国防戦略」なんか考えたことがないからだ。いや、考えたことはあるかも知れない。1963年に自衛隊が秘密裡に「三矢研究」という対ソ戦の机上演習をしたことがあった。

これはソ連軍が北海道に侵攻して、自衛隊と米軍が共同でこれに対抗するというシナリオであった。シミュレーションでは、ソ連軍が戦術核兵器を使用して日本は壊滅的被害を被るが、アメリカが核報復して最終的に勝利することになっていた。この研究が明るみに出て、国会で問題になった。対ソ戦のシミュレーションをしたことが問題になったというよりも、非常時であることを口実に自衛隊によるクーデタに近いかたちで軍法はじめ諸法規が議決されるというシナリオが「シビリアン・コントロールが効いていない」として糾弾されたのである。それから後しばらくは自衛隊内部での戦争のシミュレーションはなかったと思うが、もう60年前の話である。自衛隊内部で国防戦略を手作りすることが必要だという議論が今あっても別に不思議はない。

日米安保条約をアメリカが廃棄した時、日本国内で安全保障について実際的な知識と意見を持っているのは自衛隊しかない。だから自衛隊が「日本独自の安全保障戦略」の構想を丸投げされることになる。

自衛隊としてはとりあえず憲法九条二項の廃棄を求め、続けて国家予算の半分ほどを国防費に計上することを要求するだろう。恒常的な定員割れを補うためには徴兵制の復活も当然議論の俎上に上る。主を失った米軍基地はもちろんすべて自衛隊基地になる。国防上の配慮からスパイ防止法が制定され、スパイ摘発のために秘密警察が設置され、反戦平和を訴える政党や団体は禁止される。仕方がない。何しろ「日米同盟」以外の国防構想と言われても、日本人が知っているのは80年前の大日本帝国戦争指導部のそれしかないからである。

アメリカに見捨てられ、中国、ロシア、北朝鮮に敵視され、韓国と信頼関係も築けないでいる日本には「大日本帝国の劣化コピー」になる以外に選択肢がない。過去80

年間、自前の安全保障戦略について、何も考えなかったし、議論もしなかったし、国民的な合意形成をめざしたこともないのだから、仕方がない。

以前ある政治学者に「日米安保以外に日本にはどんな安全保障戦略があり得るでしょうか?」と訊いたら化け物でも見るような顔をされたことがある。彼はおそらくその問いを自分に向けたことが一度もなかったのだろう。でも、アメリカの政治学者に「日米安保以外に西太平洋の安全保障戦略にはどんなものがあり得ますか?」と尋ねたら、いくつかのシナリオをすぐ語り出すはずである。ヨーロッパの政治学者に「NATO以外にヨーロッパの安全保障のためにはどんな戦略があり得ますか?」と訊いても、いくつものシナリオを教えてくれるだろう。日本の政治学者だけが自国の安全保障について、「日米同盟基軸」以外に何ひとつ考えることができない。日本の病は深い。

(2024年4月15日)

テキサス州が独立する可能性

バンコク在住の中高生を対象に定期的にオンラインで講義を始めて3年になる。日本の中高生よりも国際感覚が鋭いと感じることが多い。今回は「アメリカの分断」という文字列を見て何を想像するか、それを書いてほしいと受講生たちに事前に伝えておいた。

レポートをくれた15人の多くは大統領選のことを書いていたが、中に2人「テキサス州の独立」に言及していた高校生がいた。これは面白いトピックだと思って、「テキサス独立は可能か?」という話題から授業を始めた（その話が面白すぎて、ほとんどそれだけで終わってしまった）。

2024年4月に公開されたアメリカ映画『Civil War』は連邦政府から19の州が離脱し、テキサスとカリフォルニアが同盟した西部勢力と政府軍による内戦をリアルに描いて大ヒット中らしい。

さて、果たして州の連邦離脱は法理的に可能なのか。

合衆国憲法には新州が連邦に加盟する場合の規定はあるが、脱盟についての規定はない。州について禁止されているのは、既存の州内に新しい州をつくることと、複数の州が合併して新州をつくること、この二つだけである。だから、南部11州が1861年に連邦を離脱した時に、南部人たちは、連邦加盟時と同様、連邦からの脱盟も州議会の決議と州民投票で決定できるものと信じていた。法理的にこれは正しいと私は思う。でも、リンカーンは南部の脱盟を認めなかった。だから南北戦争は「内戦（civil war）」と呼ばれるのである。

南北戦争後に、脱盟は合法かどうかを問う「テキサス対ホワイト」裁判（1869年）というものがあった。その判決文で、チェイス連邦最高裁長官はテキサス州には連邦を離脱する「権利がない」という判決を下した。判決文によれば、United Statesは「共通の起源」から生まれた一種の有機体であり、「相互の共感と共通の原理」で分かちがたく結びつけられている。だから、新州は連邦に加盟した時に「永続的な関係」を取り結んだのである。それは「契約以上の何かであり、最終的なものであった」。それゆえ、テキサスが連盟を離脱することは「革命によるか、あるいは諸州の同意による場合を除きあり得ない」。そうチェイス長官は判決文に記したのである。

今のところ、これが州の独立についての最終的な法判断である。でも、常識的に考えて、この判決はいかにも無理筋である。たしかに独立時の13州についてなら「共通の起源」を持ち、共感と親しみのうちに同盟関係を育んだということは確かである。でも、それから後に加盟した新州にはその条件は当てはまらない。

テキサスはもともとスペイン領であり、メキシコがスペインから独立するとメキシコ領になり、開発を望むメキシコ政府はアメリカからの移民を受け入れたが、入植者たちは奴隷制を認めないメキシコ政府に不満を抱き、1836年に反乱を起こして一方的に独立を宣言した。むろんメキシコ政府は独立など許すはずがない。そして、入植者が立てこもるサンアントニオのアラモの砦の守備隊がメキシコ軍によって全滅させられるという事件が起きた。「アラモを忘れるな」と復讐心に燃えるテキサス独立軍がその後メキシコ軍を破って、テキサス共和国の独立を宣言し、1845年に28番目の州として連邦参加を認められた。このような成り立ちの州と独立13州の間に「共通の起源」があるというのはいかにも無理である。

テキサス・ナショナリスト運動（ＴＮＭ）は州内でいま活発に「連邦離脱」運動を展開している。独立したテキサス州は人口２９００万人、ＧＤＰ世界９位の「大国」である。カリフォルニア州が独立すると、こちらは人口３７００万人、ＧＤＰ世界５位である。果たして州の連邦離脱はあり得るのか。今はまだ「近未来ＳＦ」の中のエピソードだけれども、これが現実化する可能性はゼロではない。

（２０２４年７月１日）

「アメリカ・ファースト」はトランプの独創ではない

ジョー・バイデンとドナルド・トランプの討論が終わった。双方とも相手を罵り合うという見苦しい展開だったが、口から出まかせの嘘を自信たっぷりにつきまくるトランプを相手にきちんとファクトに基づいて反論することができなかったバイデンの衰えぶりにアメリカの有権者はショックを受けたようだ。民主党は大統領候補者を替えた方がよいという意見が出て来たが、今から候補者を選定して11月の大統領選に間に合うだろうか。

おそらく世界は二期目のトランプを迎えることになる。彼は「アメリカ・ファースト」を掲げて、前任者の政策のほとんどを覆し、国際秩序の維持には副次的な関心しか示さないだろう。

ただし、「アメリカ・ファースト」はトランプの独創ではない。この言葉を最初に使ったのはチャールズ・リンドバーグ大佐をリーダーに頂いた大戦間期の反戦派の人々である。彼らは欧州の戦争に米国は関与すべきではないと主張した。仮にナチスがヨーロッパ全土を支配して、苛烈な弾圧を行ってもそれはアメリカには関係のないことだ。欧州の旧秩序を維持するためにアメリカの若者が血を流す必然性はない、と。フィリップ・ロスの小説『プロット・アゲンスト・アメリカ』はこの史実を踏まえて、リンドバーグ大佐が１９３６年の大統領選挙でフランクリン・ローズヴェルトを破って大統領になったアメリカを描いた「近過去物語」である。小説の中の日本は日米不可侵条約を締結して、東アジアで米英仏の干渉抜きで植民地拡大に励むという話になっている。

二期目のトランプもそれと同じように、不干渉主義を採って、プーチンと習近平には「そちらの勢力圏で何をしようとアメリカは与《あずか》り知らない」とフリーハンドを与える可能性がある。ＮＡＴＯからの脱盟、気候変動についてのパリ協定からの脱退、国連の諸機関への基金供出の中止などが政治日程に上るだろうし、当然日米安保条約についても廃棄をちらつかせる可能性はある。

むろん在日米軍基地はアメリカにとって手離すにはあまりに惜しい「資産」であるから、おそらく「安保条約を継続したければ、アメリカにさらに朝貢しろ」とトランプは言ってくるだろう。米軍基地の半永久的な租借、「思いやり予算」の増額、大量の兵器の購入などの桁外れの要求を突きつけてくるだろうが、日本政府はそのすべてを唯々諾々《いいだくだく》と受け入れるしかない。

戦後80年、自前の安全保障戦略をついに持つことなく、「日米同盟基軸」一辺倒で来たのだからどうしようもない。増税しても、改憲しても、徴兵制を導入しても、アメリカの要求を丸呑《の》みするだけである。

まことに暗い未来である。だが、「アメリカ・ファースト」が米国の永続的な安泰を保証するわけではない。合衆国は「国家連合（Unitede States）」である。自己利益を最優先しようとする「国家（State）」が「テキサス・ファースト」とか「カリフォルニア・ファースト」とか言い出した場合に、連邦政府にそれを退けるロジックがあるだろうか。

合衆国憲法制定の時にも、州政府に独立性を委ねるか、連邦政府に大きな権限を与えるかをめぐって激しい論争があった。その経緯はマディソンやハミルトンの『ザ・フェデラリスト』に詳しい。

最終的に連邦政府に軍事についての大きな権限が付与されたのは、州政府が軍事を専管すると、外国軍が侵略して来た時にどうなるのかというSF的想定をフェデラリストたちが提出したからである。「英国がヴァージニア州に軍事侵攻してきた時にコネチカット州が『それはよその国の話だ』と拱手《きょうしゅ》傍観していたら合衆国はどうなるのか」と連邦主義者は説いた。たしかにこの設定には説得力がある。

テキサス州では独立運動がかなり活発になってきている。もし州民投票や州議会決議で独立が宣言された場合に、連邦政府はどう対処するつもりだろうか。テキサスを説得するために「中国やロシアがテキサスを攻めてきたらどうするのだ。ニューヨーク州が『テキサスのためにニューヨークの若者が血を流すいわれはない』と言い出したらどうするのか」という建国時点のロジックを連邦政府が再び古文書の中から引き出して、埃《ほこり》を払って再利用するつもりだろうか。たしかにその可能性はゼロではない。

（2024年7月14日）

漂流する大国・アメリカ

米大統領選の結果が出て、ドナルド・トランプが圧勝した。これからアメリカはどうなるのだろうか。

バーバラ・F・ウォルターの『アメリカは内戦に向かうのか』(2023年、東洋経済新報社)によると、ポリティ・インデックス(民主化度)という指標がある。完全な民主主義政体をプラス10、完全な専制政体をマイナス10として21段階で評価する。この指標でプラス5からマイナス5にスコアされた国は「半民主主義」「部分的民主主義」と呼ばれ、内戦リスクが高まることが統計的には知られている。

アメリカは2021年1月6日の連邦議会へのトランプ派の乱入時点で、民主化度がプラス7からプラス5に下降し、「内戦ゾーン」に入った。

アメリカでは国民的分断がすでに直接的暴力のかたちを採り始めている。極右組織はホイットマー・ミシガン州知事の誘拐と殺害を企てた（未遂に終わり犯人は逮捕された）。ナンシー・ペロシ下院議長宅を襲撃した男は夫君に重傷を負わせた（終身刑を宣告された）。

先日はトランプ自身が、ハリスを支持していたリズ・チェイニー前共和党下院議員を演説の中で「戦争屋」と罵り、「ライフル銃の前に彼女を立たせて銃を向けられた時にどう思うかみてみよう」と発言した。暴力行使を抑制するどころか指嗾《しそう》するような発言が自分の支持者たちを興奮させ、それが政治的勝利につながったという成功体験を持った人物が大統領になった。道義性にさしたる価値を見出さない人物をアメリカの有権者たちは自分たちの統治者に選んだのである。

もちろんこれまでもアメリカ市民は統治者として不適格な人物を繰り返し大統領に選んできた。それでも、アメリカが復元できたのは、仮に大統領が不適格な人物でも、致命的な被害が出ないような惰性の強い統治機構を整備してきたからである。建国の父たちが「統治者には共感よりむしろ猜疑心《さいぎしん》を向けよ」と繰り返し教えてきたからである。

だが、今日のアメリカ市民たちに建国の原点に立ち還《かえ》って国民再統合の知恵を求めるのは難しそうである。アメリカはこれから「漂流」し始めるだろう。われわれ日本人には見守る以上のことができない。

（２０２４年11月11日）

日仏の「右翼」を比較する

権藤成卿《せいきょう》の『君民共治論』が復刻され、私がその解説を書いている。この1年間ほど権藤の著作や研究書、周辺の人々――内田良平、頭山満、福澤諭吉、金玉均、宮崎滔天《とうてん》、北一輝などなど――の本を読んできた。

私は大学院時代にはフランス19世紀の極右思想（ファシズムと反ユダヤ主義）を研究していた。論文も書いたし、研究書も訳した（ベルナール＝アンリ・レヴィの『フランス・イデオロギー』とノーマン・コーンの『シオンの議定書』）。半世紀近く経《た》ってからほぼ同じ時期の日本の右翼の書き物を読んでいる。不思議な符合だ。

彼らの採用した「物語」の構造は東西の違いはそれほどない。「原初の清浄」がさまざまな「異物」の混入によって穢《けが》され、衰退している。だから、「異物」を摘示し、それを抉《えぐ》り取れば、再び集団はその活力と豊かさを回復するという物語である。

フランスが回帰すべき「真のフランス」にもやはり王が君臨する。1930年代まで、フランスで最も過激な政治運動を率いたのは極右王党派で、彼らはパリ伯アンリ・ドルレアンを王位に就けようとしていた。

日本の場合、回帰すべき先は「君側《くんそく》の奸《かん》を排した君民共治」である。これまで聖王と良民の間に立ちはだかって、「君民共治」の理想を妨げていたのは、蘇我氏、藤原氏、平家、足利氏、徳川氏、薩長藩閥などなどの中間権力は排除される。もう官僚機構ないし、繁文縟礼《はんぶんじょくれい》もない。権藤成卿を読んでいると「こういう世の中になら、俺も暮らしてみたい」とつい思ってしまう。

さすがに今のフランスには王党派はもういないが、日本には天皇制がある。天皇制という太古的起源をもつ制度と立憲デモクラシーという近代的制度をどうやって両立させるのか。それが日本人に突きつけられた政治的宿題である。

この課題そのものは権藤成卿が向きあったものと変わっていない。これについては、どこかにできあいの「正解」があって、それを書き写せば済むものではない。日本人が自分の頭で考えるしかない。

でも、私はこれを「豊かな問い」だと思っている。この問いに正解はない。でも、正解のない問いに向き合うことで人は政治的成熟を遂げるのだ。

（2024年5月19日）

日韓の核武装論

韓国内で核武装論が高まっている。世論調査では6〜7割の国民が核武装を求めている。北朝鮮の脅威が強まっているせいだ。核ミサイル発射実験を繰り返す北朝鮮はすでに北米大陸を射程距離にとらえる大陸間弾道弾の開発まで進んでいる。

理由はそれだけではない。アメリカが「東アジアから撤収する」可能性を韓国民は感知しているのである。「あとは自分たちの才覚でなんとかしてくれ」と言って東アジアからアメリカが引いた場合、韓国はどうやって隣国と向き合ったらよいのか。

たしかにアメリカは今も軍事力、経済力では世界に冠絶する超覇権国家である。けれども、国内の分断は深く、「アメリカ・ファースト」を掲げた大統領を選んだ時点ですでにグローバルリーダーシップを放棄している。バイデン政権がガザの虐殺に効果的な抑制を果たし得なかったことでアメリカの道義的威信はさらに下落した。

最近読んだアメリカの外交専門誌 Foreign Affairs Report の論文では、「日韓に核武装させたらどうか」というずいぶん乱暴な主張が掲げられていた。「安倍元首相はじめ一部の自民党指導者」が「核により許容的な立場をみせるようになった」ことの効果として日本人の核アレルギーは緩和しつつある（らしい）。キッシンジャー元国務長官は昨年「5年以内に日本は核保有国になる方向に向かう」という見通しを語っていた。

この論文の趣旨は要するに日韓核武装という「威嚇策」をちらつかせることで中国から外交上の譲歩を引き出せるのではないかというものであった。

「日本と韓国が核武装すれば、誤認、誤算、事故の可能性が高まり、核による大惨事のリスクが高まる。このような危険に満ちた現実に直面すれば、北京はアメリカの圧力に屈し、本格的な軍備管理協議に入るかも知れない。」

アメリカ人のこのワイルドな正直さには胸を衝《つ》かれる。だが、日本のメディアはこういうアメリカの「本音」を決して伝えない。

（2024年9月30日）

韓国の民主主義の強さ

ぐっすり寝て朝目覚めたら「韓国で戒厳令が布告されて数時間で解除」というニュースで起こされた。それから旧Twitterで調べられるものを調べた。そして、韓国の議員とメディアと市民たちの瞬発力に驚かされた。

目の前で政治的な激変が起きた時に、それが何を意味するのかただちに理解し、逡巡《しゅんじゅん》せずになすべきことをなすというのは口で言うほど簡単なことではない。武道では「機を見る」と言う。機を逸すれば歴史は別の軌跡をたどることもある。戒厳令の解除があと半日遅れたら、市民と軍人の間で流血の惨事が起きていたかも知れない。そうなっていたら過去44年かけて築き上げてきた韓国の民主主義に深い傷がついただろう。

１９８０年の光州事件の時は、全斗煥《チョンドゥファン》が布告した戒厳令に抗議する学生市民のデモ隊と空挺部隊が衝突して、多数の市民が射殺された。犠牲者の数は軍部は144人としているが、その何倍もの市民が殺されたと言われている。

それから44年後に、また戒厳令下で市民と軍人が向き合った。だが、今度は死傷者を出さずに戒厳令が解除された。市民たちの大統領の民主主義破壊を許さないという断固たる決意と、軍人たちの抗命ぎりぎりの節度があってはじめて今回の戒厳令の合法的な解除が成功したのだと思う。これは韓国の人々の民主主義建設の努力のみごとな「果実」である。

たしかに韓国の政体は決して出来がよいとは言えない。議会と対立してしばしば大統領は任期なかばで「レームダック」化するし、有権者たちは統治能力に欠けた人物を繰り返し大統領に選んできた。かつての大統領が囚人服を着て法廷に立ち、獄に繋がれる姿も繰り返し見せられて来た。それでも、この欠陥の多い制度を必死で運用してきた韓国市民の努力は高く評価しなければならないと思う。

翻って（この言葉は使いたくなかったが）日本のメディアの反応の鈍さに私は胸を衝かれた。深夜の出来事とは言え、地上波テレビはＮＨＫが10分ほどニュースを流しただけで、あとは隣国の政治的危機を報道さえしなかった。「目の前で政治的激変が起きた時に、それが何を意味するのかただちに理解し、逡巡せずになすべきことをなす」ということができなかったのである。報道人が何を伝えようと、銃をつきつける軍人によって阻まれたり、逮捕拘禁されたりするリスクがゼロという状況であるにもかかわらず、日本の地上波テレビはただフリーズして、予定通りの番組を流していた。

そんな無能で定見のないメディアが日本の民主主義が揺らいだ時に適切な報道をなしうるだろうか。私は無理だと思う。

はっきり言わせてもらうが、地上波テレビはもう「報道」を名乗る資格がない。中の人たちもその自覚を持った方がいい。

それでもまだメディアの内部にもう一度「報道」機関に立ち戻りたいと思っている人はいると信じたい。だが、もうあまり時間は残されていない。

（２０２４年12月６日）

第3章

温かい国への道程

「白票」は現状肯定でしかない

選挙前に「政治への異議を白票で表現しよう」というキャンペーンが目についた。あえて白票を投じることで、「今の選挙制度では、私たちは自分が満腔《まんこう》の賛意を託すことのできる代表を選ぶことができない。私はいま立候補しているどの候補者にも投票したくない。各党は私が投票したくなるような候補者を探してこい。話はそれからだ」という怒りの意思表示ができるというのである。

でも、現実には白票はただの「無効票」である。「現状に対して強い不満を持っている」という意思表示にはならない。「現状肯定」しか意味しない。だから、「白票を投じよう」と訴えている人たちは、政権与党の「隠れ支持者」であるか、民主政における選挙というものの意味を理解していない人たちか、あるいはその両方である。

白票論者たちの勘違いは、選挙を「自分の全幅の信頼を託せる人」に一票を投じることであるというふうにひどく浅く定義していることである。

たしかに選挙公報を見ても、街角のポスターを見ても、自分の思いを十全に託せる候補者がいないという選挙区はたくさんあるだろう。だから投票しない。それが自分の意思表示だと思っている有権者が多いのだろう。けれども、民主政における選挙とは全幅の信頼を託せる人を選ぶことではない。むしろ、国や自治体に害をなす可能性のある人をできるだけ公職に就けないためのものである。気に入った人を見つけ出して、その人を応援するという心楽しむ作業ではなく、むしろ候補者たちの悪意や嘘や不誠実や弱さを目を凝らして点検するという気鬱な作業なのである。

英語に lesser evil という表現がある。「より少なく悪い方」という意味である。選挙で私たちが投票する先は「より少なく悪い方」である。

目の前には「これはよい」と確信できるような候補者が一人もいない。その中から「よりましなアジェンダ」を掲げ、それを「より誠実に履行しそうな方」を見きわめる。だから、選挙が終わった後に当選者を囲んで支持者が万歳を叫んだり、感涙にむせんだりするのは民主政後進国の風景なのである。民主政先進国では、自分が投票した当選者に対して向ける場合でさえ、そのまなざしにはつねに猜疑と不信が含まれていなければならない。

これは合衆国憲法の批准の過程で、「連邦政府に州政府より大きな権限を与えよ」と説いた「フェデラリスト（連邦派）」と呼ばれたアレクサンダー・ハミルトンの言葉である。

独立して10年、まだアメリカがこれからいかなる国になるのか国民的合意ができていない時期に「連邦派」たちは民主政は共感と同質性をベースにしてはいけないと説いた。民主政は公人に対する猜疑心をベースにすべきだ、と。

英国から独立した13州はばらばらの「ステート（State）」だった。ステートは同時期に同地域から入植した人たちが形成した政治単位だから同質性が高い。ステートごとにそれぞれ憲法も違う。独立直後の連邦政府にはいまだ実体がなかった。それゆえ、これまで通りステートが政治的実力を保持し、連邦政府はただ名目上のものでいいと考えている州権派が数多くいた。

連邦派はそれに対して、それではアメリカの独立が維持し難いと考えた。この時、英国、フランス、スペインは新大陸に巨大な土地と権益を有していた。彼らが介入してきて、合衆国が三つか四つに分断されて、「代理戦争」が起きたらどうするのか。外国軍があるステートに侵攻してきた時に他のステートが「そっちのトラブルはそっちで片づけてくれ。よそのステートに迷惑をかけるな」と「ステート・ファースト」を言い出したらどうするのか。何よりも連邦政府と州政府が対立した時にはどうするのか。その場合、おそらく多くの州民はことの理非にかかわらずステートの側に立って銃を執るだろう。共感と同質性で結ばれた共同体は「ことの理非にかかわらず」、自分が属する政治単位のために戦うものだからだ。だからこそステートに軍隊を持たせてはならないのである。ハミルトンはそう書いた。

「権力は人々が心を許せる者の掌中にあるより人々が猜疑の眼を以て見守る者の掌中にある方が無難だからである。」(『ザ・フェデラリスト』)

これは民主政について述べられた言葉の中で最も深い知見の一つだと私は思う。

民主政は「心を許せる者」に全権力を委ねるためのシステムではない。「心を許せない者」が決して権力を恣意的にふるう自由を与えないための仕組みなのである。そう言い切れるところからしか民主政の成熟は始まらない。

（2024年11月4日）

民主政の「未熟なかたち」と「成熟したかたち」

総選挙が終わった。与党が大きく議席を減らして、長く続いた「与党一強」が終わり、「ハング・パーラメント（宙吊り議会）」状態を迎えた。政局は流動化し、先の予測が難しくなる。

だが、私はこういう状況は民主政の成熟にとって端的に「よいこと」だと思っている。これからしばらく政局は不安定なままだろう。でも、多数派形成のための離合集散や政策上のすり合わせがあったくらいのことで統治機構が破綻することはない。私は今回の選挙結果を日本の民主政の成熟に導くために好機と考えている。

民主政にも「未熟なかたち」と「成熟したかたち」がある。未熟な民主政とは「共感と同質性に基づいた民主政」である。政治的アイデンティティーを共有する集団同士が対立して、多数派形成のために戦う。だから、選挙が終わった後に、勝った陣営は万歳を叫び、感涙を浮かべ、負けた陣営は地団太を踏む。だが、これはいつも言っている通り、民主政後進国に固有の風景である。成熟した民主政においては、選挙が終わった後に、どの陣営も「同じ程度に不満な顔」をしているはずである。民主政とは、集団構成員の全員が同程度に不満な「おとしどころ」を探り当てる計量的な知性の働きを求める制度だからである。

成熟した民主政の国では、人々は自分が属している「集団」の利益を最大化するためにだけでなく、自分が属している「国」の利益を最大化するためには何をすべきかを考える。そして、国益がいくつもの国内集団の相反する利益の総和である以上、国益が増大した結果、「大儲けする集団」と「大損する集団」に分裂するというようなことはふつう起きないし、起きてはならない。だから、「全国民が同程度に不満顔」が民主政の理想なのである。民主政はそれを目標にすべきなのである。奇妙な話に聴こえるかも知れないけれど、そうなのである。

もちろん、そこまで成熟している民主政の国はなかなか存在しない。例えば、今のアメリカはシリアスな国民的分断のうちにあるけれども、それは有権者たちが「アメリカ」という名を持つ幻想的な共同体の利益よりも、今自分たちが帰属しているリアルな国内集団の利益を優先するようになったからである。

現に、大統領選の報道を読むと、いずれの陣営でも、有権者たちは「自己利益を最大化してくれる候補者」に投票すると明言している。「アメリカの国益」には候補者たちさえ修辞的かつ予言的に（私が勝てば結果的にアメリカは栄えるであろう）しか言及されない。米市民たちがこの現状を恥じていないとすれば、アメリカの民主政にあまり明るい未来は来ないだろうと私は思う。

近代市民社会は、私権の一部、私財の一部を手離し、それを公共に負託する方が、成員たちが自己利益の最大化を求めて喉笛を掻き斬り合うよりは長期的には自己利益を安定的に確保できるという合理的判断の上に成立した。ロックもホッブズもそう説いている。

公共の利益と市民の自己利益は短期的には相反しても、長期的には一致する。だから、選挙結果にどの党派も、どの個人も等しく不満顔というのは「よいこと」なのである。

だから、「宙づり議会」は日本の民主政の成熟のための第一歩になる可能性がある。できるだけ物静かな口調で政党間の交渉と対話が続くことを私は願っている。

（2024年11月11日）

「自民一強」時代の終焉

総選挙が終わり、長きにわたって続いた「自民一強」時代が終わった。この選挙結果はこれからの日本にどんな変化をもたらすのだろうか。とりあえず私たちが慣れ切っていた重要法案の「強行採決」というものがなくなる。国の方向を決めるような政策が十分な国会審議抜きに「閣議決定」だけで決まるということもなくなる。これは空洞化していた日本の民主政にとっては喜ばしい事態である。

久しく人々は「一強」体制を好ましいものだと思っていた。他党との交渉や妥協なしに、与党がやりたいようにやるのはよいことだと思っていた。というのは、世の中というのはおおむね「そういうもの」だったからだ。

株式会社というのは間違いなくそうだ。経営者が発令する指示に部下が「それ、おかしいですよ」と抗命するということはない（したら業務命令違反である）。トップの指示が末端まで遅滞なく示達されて、かたちになる。それを見慣れた人たちは「国というのも、そういうものだ」と信じるようになった。

でも、トップダウン組織というのは、トップが「賢い人」であればたいへん効率的に機能するが、トップがあまり賢くない人の場合にはかなり破滅的なことになり、かつ「必ず最も賢い人が選ばれてトップになる」というプロモーション・システムが制度として組み込まれていない。

ふつうは「組織に最適化した人」がトップになる。「組織に最適化した人」は別に「賢い人」ではない。何もない平時であれば、「組織に最適化しているけれども無能」なトップでもなんとかなるが、非常時や国難時には、こんな「指示待ちイエスマン」では使い物にならない。

第二次安倍政権以後12年間私たちがしみじみ経験したのは「トップダウン組織のトップがあまり賢い人ではない場合」に世の中はどういうことになるのかということだった。

今も、賢い人に権力を託す仕組みというものを私たちは持っていない。だとすると、私たちにとってのセカンドベストは「賢くない人が権力を持っても、あまり大きな被害を及ぼさない統治の仕組み」だということになる。

総選挙の結果がもたらしたのがそのようなシステムであるのだとしたら、私はこれを歓迎してよいと思う。それが民主政の理想だからである。

（2024年11月4日）

女性の政治進出と良い政治家を生む土壌

女性の政治参加が増加することでどのような社会の変化が期待できるのかについて意見を求められた。

少なからぬ女性議員がいわゆる「保守」界隈《かいわい》にはいるけれども、彼女たちが男性議員と異なる政治的役割を果たしていると思っている人はいないだろう。あえて名を挙げるまでもなく、この人たちはしばしば男性議員以上に差別的であったり、強権的であったりすることで政治家としての存在感を示している。こんな議員がさらに増えても、ろくなことは起きないだろう。だから、この問いは「まともな女性政治家が増えることでどのような変化が期待できるか」でないと意味をなさない。

でも、それだと「まともな政治家が増えると何が変わるか」という問いと実質意味は同じだから、答えは「政治がまともになる」に決まっている。

実践的な問題があるとすれば、それは「まともな女性が政策決定に参加できる筋道をどうやってつけるか」である。

２０２３年の統一地方選の時に、私の知り合いの女性たちが何人か立候補して、当選を果たした。多くはそれまで市民運動をしてきた人たちである。今の政治に「もう我慢できない」と自ら立ったのである。彼女たちの当選はその素志が有権者に伝わったからだろう。

千葉県白井市、兵庫県宝塚市、東京都杉並区で議会が「女性過半数」となった。特に目立ったのは杉並区で、女性議員が改選前の15から25に増えた。これは明らかに岸本聡子区長の功績である。このような趨勢が他の自治体にも広がるなら、地方議会から政治は変わると思う。

国政の参入障壁が高いのは第一に供託金が高額なせいである（選挙区３００万円、比例区６００万円）。組織的な支援がないとこの供託金は無駄になる。それに対して政令指定都市以外の市議選と東京23区の区議選は30万円である。これなら無名の市民でも「まともなこと」を訴えれば議席を得るチャンスがある。つまり、地方政治の方が国政よりも民主主義として機能するチャンスが高いということである。

国政がこれだけ劣化したのは、(異常な低投票率のおかげで) 組織票を持つ公認候補なら人格識見と無関係に当選できるからである。レベルの低い政治家が増えれば増えるほど有権者の政治家に対する期待は萎《しぼ》み、投票意欲は減殺され、投票率は下がる。このメカニズムの最大の受益者が自民党の世襲議員たちであることは現状を見ればわかる。

しかし、地方議会なら有権者は人格識見を基準に議員を選ぶことができる。だから、まず地方議会から「民主化」を進めることが最も現実的だと私は考えている。地方で「善政」の実績を積んだ議員が国政に進出する道筋をつけることさえできたら、遠からず女性議員が国政でも過半を制すると思う。


(2024年5月8日)

大学存続の秘策

大学入試の季節になった。私は東京にある医療系大学の理事と地方の女子大学の評議員をしているので、この季節になるとそれぞれで入試状況の報告を聞き、生き残れる大学と崖っぷちの大学の格差が年々広がっていることを実感する。

今のところは定員を満たしている大学も、このまま少子化が続けば、遠からず「崖っぷち」に立たされる。だが、せっかく全国津々浦々に良質の教育研究拠点があるのだ。これを市場原理に委ねて統廃合し、教育機関の東京一極集中を放置しておいてよいのだろうか。

近代日本において、教育の充実は国家的急務であった。明治末までに東京、京都、仙台、福岡に四つの帝大ができ、最終的には台北、京城を含む九帝大ができた。旧制高校の設立はさらに早く、東京の一高が明治19年。明治41年までに仙台、京都、金沢、熊本、岡山、鹿児島、名古屋に8つの「ナンバースクール」が設立され、以後も都市名を校名とする「ネームスクール」は松江、弘前、水戸から旅順まで19校が設立された。

明治維新以来、1990年代まで、「全国津々浦々に高等教育機関を」という国家目標は疑われたことなかった。その150年来の国家目標が人口動態上の理由であっさりと放棄して、「統廃合は市場に丸投げ」ということになってよろしいのであろうか。

市場に委ねておけば、遠からず首都圏周辺に高等教育機関が密集することになる。すでに韓国ではそうなっている。人口の50・5%がソウル周辺に密集する隣国では、釜山はじめ地方都市で大学の廃校が相次いでいる。日本もこのままなら、そのシナリオをなぞることになる。

しかし、地方が「教育空白地帯」になってしまった日本列島の風景について教育行政の当路者はどれくらい想像力を働かせているのだろうか。あまり真剣に考えているように私には思われない。

でも、少子化に苦しむ日本の大学に思いがけない「援軍」が期待できそうだという話を聞いた。中国人留学生の大量流入である。

だいぶ前から文系の大学院は「中国人留学生なしでは定員が埋められない」という状態が続いていた（読者の多くはご存じなかったであろうが）。ここに来て学部への中国人入学者も増えているらしい。高田馬場には中国人向けの進学予備校が軒を接しているという話を東京の人から聞いた。「高田馬場駅前ですれ違う若者たちが話しているのが中国語ばかりなんですよ」とびっくりしていた。

それを聞いて、ふと日本の大学の少子化対策を思いついた。学部入試を「中国語での受験も可」にするのである。

中国はご案内の通り、壮絶な受験競争社会である。修士号まで持っていないとホワイトカラー職に就くのさえ難しい。一方、日本は大学も大学院も入りやすい（定員充足に必死なのだから当然である）。比較的容易に学位が取れる。学費は欧米の5分の1（加えて歴史的な円安）。漢字表記が読めて、治安がよくて、どこでも中華料理が食べられて、地理的に近くて、市民的自由が享受できる。富裕層の子どもたちがそれを知って「日本で青春を満喫したい」と思うのも怪しむに足りない。

今は学部も大学院も日本語受験が必須であるが、「入学後に日本語補習クラスを作って面倒見るから、基礎学力のある人はとりあえず合格させる」という大学があれば、「満喫」系の受験生はわらわらと集まる（はずである）。

大学の存続と多文化共生社会の創出の「一石二鳥」のアイディアである。何より親日派中国人卒業生を輩出することはわが国の安全保障上大きなアドバンテージをもたらすはずである。問題は文科省が「中国語受験」を許してくれるかどうかである。

（２０２４年５月８日）

人口減少は受験生にとっては利

報道によれば、2023年の出生数は72万6千人、前年比5・8%減である。これは「ああ、そうですか」で済まされる数字ではない。かなりすごい数字だ。このペースで出生数が減り続けると、5年後には出生数は51万人。10年後には38万人になる。

私は1950年生まれだが、その年の出生数は234万人だった。私の子ども時代の学校の風景が今とはまったく違ったものであることは想像できると思う。

人口減少した日本では経済はどうなるのか、年金制度や健康保険制度は維持できるのか、移民は受け入れるのかとか、メディアでは議論がなされている。

人口減のプラス点の一つは「大学に入るのが相対的に簡単になる」ことである。大学は定員をそんな簡単には減らせない。出生数が5・8%減だから定員も5・8%減にするというわけにはゆかない。だから、ほとんどの大学はどこも定員割れの学部学科を抱えることになる。そういうところには簡単に入学できるので、受験生にとっては朗報であろう。でも、マイナス点もある。それは定員を満たせない学部学科を抱える大学はいずれ廃校になるリスクがあるということだ。

お隣の韓国ではもう大学廃校が日常的なニュースになっている。このままだと、いずれソウル近郊以外にはほとんど高等教育機関がない国になるだろう。日本も放置しておけば、そうなる。

もちろん入学した大学が在学中に廃校になるということはない。卒業するまで学習権は保証してくれる。でも、卒業後に「卒業した大学がなくなる」可能性はある。「どの大学出身ですか?」と訊かれて「もうなくなっちゃった大学なんですけど……」と答えるのはたぶんすごく切ないことだと思う。

だから、これからの受験生は「楽して、簡単な大学に入れるメリット」と「廃校になった学校の卒業生になるデメリット」を比較考量して進学先を選択することが必要になる。面倒な話だけれど。

人口減が続くと、これまで経験したことのない事態が生じる。生産年齢人口が減って、市場が縮減するので、さまざまな産業が消滅する。でも、どの業界が、いつ、どうやって消滅するかは予測不能である。ＡＩによって人間がこれまでしてきたどんな仕事が代替されるのかがよくわからない。

医療や弁護士業務の相当部分がＡＩで代替されると予測する人がいる（外科手術はもうロボットが代行している）。自動運転テクノロジーが実用化されたらドライバーという職業がなくなると予測する人もいる。いや、ＡＩ導入よりも低賃金労働者をこき使う方が安上がりだから、肉体労働はなくならないと予測する人もいる。

大規模な雇用消失が起きると社会がもたないから、テクノロジーの開発をいったん停止しようという科学技術抑制主義（techno-prudentialism）もアメリカやＥＵでは始まっている。未来は霧の中だ。

では、どうしたらいいのか。私にもわからない。

でも、いつの時代だって「未来は霧の中」だった。私の時代は「いつ米ソで核戦争が始まるかわからない」という未来への不安が日常的だった。

それに比べたら人口減なんか気楽なものだと言えば気楽なものである。そう思って笑っている方がよい知恵も浮かぶ。きっと。

（２０２４年５月26日）

武道はスポーツか

朝日新聞の「耕論」という欄で「武道はスポーツか」というテーマで寄稿を求められた。パリ五輪で「武道家らしからぬふるまい」をしたアスリートがいたことが企画のきっかけらしい。武道は修行であって勝敗を競うものではないということはずっと前から言っているが、求められて改めて原稿を書いた。

合気道の開祖・植芝盛平《うえしばもりへい》は戦中、合気道の殺傷技術としての有効性を評価した陸軍幹部から合気道を軍隊で必修化したいという申し出を受けた時に、「それは日本人全員を鬼にするということである」と激怒したと伝えられている。

たしかに武術は殺傷技術であるけれど、私たちはそれを実際に用いるために稽古しているわけではない。極限状況に身を置いても透明な心と体を保つためにそのような状況が設定されている。

江戸時代の禅僧澤庵《たくあん》は「兵法者は勝負を争わず、強弱に拘《こだわ》らず、敵との相対的優劣を競ってはならない」と教えている。禅の修行において、禅僧たちの誰が早く「大悟解脱」に至るかを競争することはない。武道修行も同じである。武道修行の目的は「天下無敵」であるが、別にこの境地に到達するレースを他人と競っているわけではない。生涯をかけてただ淡々と修行するだけである。

たしかに剣道や柔道では勝敗が競われる。では、武道はスポーツなのか、違うのか。

これについては公式見解がない。責任の一端は旧文部省にある。

戦後、GHQ（連合国軍総司令部）は武道を禁止した。武道が軍国主義イデオロギーの宣布に利用されたという理由からである。特に剣道が危険視された。やむなく剣道は「しない競技」と名称もルールも変えて、「これは武道ではなく、欧米におけるフェンシングなどと同じようなスポーツだ」として生き残りをはかった。しかし、占領が終わり、剣道が学校体育に復活したときに、文部省は「ああ言ったのは方便で、実は武道はスポーツではない。日本の伝統文化なのである」と公的に前言撤回をしなかった。そうすべきだったと私は思う。そのせいで、今に続く武道とスポーツの混同が始まったからである。日本人は「武道とは何か」という根源的な問いをネグレクトしたまま戦後80年を過ごしてしまった。

改めて確認するが、武道は「天下無敵」という無限消失点をめざす修行であって、他人と競うものでもないし、誰かに査定されるものでもない。一方、スポーツは強弱勝敗巧拙を競うことで人間の心身の可能性を開発する卓越したシステムである。スポーツが人類にもたらした貢献に私は深い敬意を表する。だが、武道とスポーツは別ものである。

「瞑想世界一」とか「我執を去るコンテストで金メダル」とかいう文字列が無意味だということは誰にもわかる。武道には競争もランキングもないというのはそういう意味である。

（2024年10月30日）

「体幹」は野生の強大なエネルギーの通り道

5月には羽黒を訪れ、星野文紘《ふみひろ》先達を囲んで、内山節《たかし》氏、藤田一照《いっしょう》師と私の4人でおしゃべりをするというイベントを続けている。今年で6年目になる。山伏と哲学者と雲水と武道家の組み合わせなので、いつもすごく変な話になる。今年も変な話になった。

私たちのシンポジウムの前に和太鼓の原田嘉子《よしこ》さんの奉納があった。それを聴いているうちに太鼓のリズムと呼吸のリズムが合うことに気づいた。私が最初の発言者だったので、まずその話から始めた。

人間はあらゆる道具を自分の身体に似せて創り出す。そうでないと操作できないからである。八本脚のロボットとかアメーバ状の缶切りとかは思いついてもたぶん使うことができない。

人類が最初に手にした楽器は打楽器だったと思う。そして、それは人間の身体を模したものだった。つまり、太古の人類は自分の身体を「中を空気が通り抜ける円筒のようなもので、強く叩くと響きを生じる」というふうにとらえていたのである。その身体イメージに基づいて、太古の人は最初の楽器をつくった。そんな気がした。ゴリラは胸を叩いて音を出すけれども、あれは自分の身体を打楽器だとみなしているからだろう。ゴリラがそうなら、ヒトもそうであってもおかしくない。

私が修行に通っている一九会の祓《はら》いは「トホカミエミタメ」という祝詞《のりと》を喉が嗄《か》れるほどひたすら唱える行なのだが、唱え続けていると、意識が朦朧《もうろう》として、自分が何か外部の強い力の「通り道」である空洞のように感じられてくる。実際に、声が小さくなると先輩たちに背中を思い切り叩かれる。背中を叩かれて、祝詞を呼気として吐き出すと、なんだかほんとうに自分が打楽器になった気分になる。

人間の身体を打楽器に見立て、そこに強い呼気を通すことで穢れを祓うという行のかたちはおそらく古い起源を持つものだと思う。打楽器が身体イメージを外化したものであるなら、人間が自己認識の原点に立ち還りたくなるとき「わが身を円筒形の空洞」に擬する気になっても怪しむに足りない。

というような思いつきを話し始めたら止まらなくなって、そう言えば武道では「体幹」とか「体軸」ということを言うが、あれはそういう部位があるわけではなく、「野生の強大なエネルギーの通り道」を意味する。それをあえて「幹」や「軸」という語で表象するということは、武道も「身体は円筒」という身体原イメージに基づく体系かも知れないという話になった。以下話頭は転々として奇を究めた。

（2024年5月29日）

身体円筒説

以前、尺八奏者の中村明一さんにインタビューしたことがある。その時に「密息」という呼吸法があることを教わった。中村さんの演奏を見たが、ひたすら息を吐き続けており、いつ吸気をしているのかがわからない。不思議に思って、どうやって息を吸うのかお訊ねしたら、自分の身体を円筒形のもののように思いなし、それを空気が一瞬のうちに満たすようなイメージで呼吸するのだと教えられた。

それを聴いてからずっと身体を円筒形に感じるというのはどういうことか気になっていた。ある時、友人の医師から「人間の身体は『ちくわ』のようなものだ」という喩《たと》えを聞いて、なるほどと膝を打った。たしかに人間の身体は口から肛門までの消化器系という「中空の筒」が体の中央を通り抜けているように見立てることもできる。現に、皮膚には常在菌がおり、腸内には「フローラ」がいて、よく似た働きをしている。

居合を稽古している時に、武道的身体運用の基軸である「体軸」なるものは実は「中空の筒」ではないかという気がしてきた。抜刀して正面に抜き付ける時、右手は時計回りの回転運動をして、鞘引きをする左手は逆回転している。

円筒形の金属でできている茶筒を想像して欲しい。茶筒の蓋を開ける時、右利きの人なら、上半分は右回転、下半分は左回転させるはずである。抜刀の体感はそれに近い。

でも、不思議な話である。人間の体には茶筒のような「切れ目」なんかないからである。にもかかわらず、私たちは体軸を左右上下斜めのどの方向にも、いつでも自由に回転させることができる。機械にはこんな真似はできない。どこかに歯車やバネやクランクがあるメカニズムには左右同時逆回転、縦横回転の一瞬での切り替えなどという動きはできない。体軸は機械ではない。実体がなく、機能だけがある。つまり、体軸は「中空」なのだ。

そこまで思いついたところで、「体軸とは円筒形の回転運動である」という仮説を立てて、その回転の速度を調整し、方向を切り替える技術に習熟することをとりあえず合気道の稽古目標に掲げることにした。まだこの仮説を採用して三月ほどしか経っていないので、仮説の当否についてはご報告できないが、身体を「ちくわ的円筒」と見なすとご飯がとても美味しく感じられるということはわかった。

（２０２４年６月20日）

「正中線」について

「現代における武道の意義」という演題である市の体協で講演をすることになった。聴衆の多くは各種競技団体の役員の方たちだった。講演を終えて質疑応答になった時に、勢いよく手を挙げた人がいた。その人は「お話に出て来た『正中線』とは何のことですか?」と問いかけた。

この人なりの「正中線」の定義と私の知見を比較して、その当否を吟味しようという査定的な問いではなく、ほんとうに「正中線の意味」を知りたがっているということがその真剣なまなざしから知れた。

おそらくこの方は稽古を通じて「正中線」についてリアルな身体実感を持っているのだけれど、指導に際して、なかなかその実感を初心者に言葉では伝えられずにもどかしい思いをしているのだろうと思った。

正中線というのは単に自分と相手の中心を結んだ空間的な位置取りのことではない。目付や重心や臓器の位置や気の配りなど無数の要素によって、正中は生成し、変化する。そして、正中と技の刃筋が合うと強大な力が発動し、ずれると力は減殺される。おそらく伝説的な名人達人はミクロン単位で正中を感知して、そこに刃筋を合わせることができたのだろうと思う。

刀が斬り込んだ跡を持つ兜《かぶと》は日本各地に今も残されているが、人間の筋力では、どれほどの速度で振ってもそんなことはできない。

多田宏先生は剣を振る稽古の前には必ず示現《じげん》流流祖東郷重位《しげかた》の逸話をお話しされる。重位は脇差を一閃《いっせん》して目の前の碁盤を両断し、さらに畳から根太まで斬ったと伝えられている。人間の力でできることではない。おそらくこういうことができた達人たちは超人的な精密さで正中と刃筋を合わせることで自分の身体を巨大なエネルギーの「通り道」にしたのだろうと思う。

稽古をしていればその消息はなんとなく体感はできる。でも、正中の物理的な力量を計測できる機器はまだ存在しないし、説明のための語彙もまだ足りない。そういう話をした。私が言いたいことはたぶん質問者にも伝わったと思う。

（2024年5月8日）

植芝盛平と熊野の力

熊野古道がユネスコの世界遺産に登録されて20年。それを記念して田辺市でシンポジウムが開かれた。私は「合気道開祖植芝盛平翁と熊野の力」という演題で講演を求められた。

植芝先生は田辺の人である。熊野の海と山に囲まれて育ち、熊野の霊気を鼻腔に満たして成長された。南方熊楠《みなかたくまぐす》が率いた神社合祀《ごうし》反対運動でも、熊楠のために立ち働いた。だから植芝先生が完成された合気道に熊野が深いかかわりを持っているのは当然のことである。それでも、合気道の術理と熊野の霊力の関係を説明するということになると容易な業ではない。

勝負を争わず強弱に拘らず、巧拙や遅速を比較しないという合気道のありようは普通のスポーツや競技武道に親しんでいる人には理解されにくい。でも、これを宗教的な行に準じるものと考えればわかるはずである。

大悟解脱をめざす僧が「悟りの到達度」について修行者同士で優劣を競うことはあり得ない。「オレの方がお前より1ポイント悟りに近づいたぜ。勝った」というような人が解脱と無縁の衆生であることは誰でもわかる。武道の修行も本来はそういうものなのである。「勝負を争わず、強弱に拘らず」が基本なのである。相対的な優劣を競う限り我執を去ることができないからである。

修行とは心身を調《ととの》え、どこにも詰まりもこわばりもなく、何にも居着かない透明な心身をつくり上げることである。そして、それを「超越的な力」に委ねる。「超越的な力」は「調った心身」を通してのみ発動するからである。

理屈だけならそれほど難しい話ではない。誰にでも言える。だが、「調う」とはどういう体感なのか、「超越的な力が発動する」とは何が起きることなのか、それは長く稽古を積まなければわからない（積んでいてもわからない）。確かなのは、それは達成度を数値的に表示できるものではない（だから人と競うことができない）ということである。

勝敗強弱も巧拙遅速もどれも相対的な優劣を競う心が生み出す幻である。その幻を消すために私たちは修行している。そうして会得された技術が人を殺傷する道具になるはずがない。

とりあえず合気道の術理を私はそのように説明した。個人の見解だが、それ以外に私には語るべき言葉を持たない。それが熊野の霊力とどう結びつくかは説明する前に時間が尽きた。

（2024年7月14日）

今、中高生に伝えたいこと

「今、中高生に伝えたいこと。進路について」というお題を頂いた。

　でも、進路について私から特に伝えたいことはない。「好きにすればいい」という一言でおしまいである。無責任に聴こえるかも知れないが、「好きにする」のって結構たいへんなのだ。「これから好きに生きたい」と言って進路の希望を述べたら、たぶんおおかたの親御さんは「ダメ」と言うはずだからだ。「世の中、そんなに甘くないぞ」とか「好きなことをして食っていけると思っているのか」とか「嫌なことを我慢するから給料がもらえるんだぞ」とか、いろいろ。

　もちろん、そんな親のダメ出しに対してはびくともせずに「いいえ、好きにさせてもらいます」と好きにするのが正しい子どもの生き方である。これは私が保証する。

　でも、好きに生きたら必ず成功するというわけではない（そんなはずがない）。好きに生きてもしばしば失敗する。でも、いいじゃないか。自分で選んだことなんだから。誰のせいでもない。親が「こういう学校に行って、こういう職業に就け」と命じたのに従って、不本意ながらそういう進路をたどった末に「人生に失敗した」と思ったら、救いがない。他人を恨んでも仕方がない。「オレの人生を返せ」なんて泣いて叫んでも誰も返してくれない。それなら、自分で好きな道を進んで、自分の無知と幼児性をあとから恥じる方が100倍もましである。

でも、繰り返し申し上げるが、好きなことをして生きてゆくのはたいへんである。にこにこ笑って「おお、そうか好きにしなさい。なあにお金のことは心配するな」と言ってくれるような鷹揚《おうよう》な親は世間にはあまりいないから（私はその例外的な一人であったが）。ふつうの親は「ダメ」と言う。そこから親子の対立とか断絶とか家出とかそういうドラマティックな展開になるわけである。でも、どうしてそんな面倒なことをするのだろう。好きにさせてあげればいいのに。

とはいえ、「好きにしたらいいよ」と言うと多くの子どもは「ロックスターになりたい」とか「マンガ家になりたい」とか「モデルになりたい」とか、それはちょっと無理じゃないか的な願望を語るので、親御さんとしても簡単には首を縦に振れない事情がある。でも、これは心を鬼にして（というか仏にして）、そういう夢想を語る子どもに対しても「まあ、好きにしたらいいさ」と言ってあげるのが親心というものだと私は思う（頷いてくださる親御さんは少ないとは思うが）。

自分の経験を踏まえて申し上げるが、子どもの進路について「まあ、好きにしたらいいよ」という宥和的対応をしておくと、それからあとの数十年にわたる親子関係はわりと穏やかで、友好的なものになる。ロックスターになれなかった子どもに向かって「ざまあみろ。だから言ったじゃないか」とせせら笑う親御さんよりは「そうか残念だったねえ。まあ、別の生き方もいろいろあるよ」と優しく慰めてくれる親御さんの方が子どもにとってはずっと「都合の良い親」だからである。

これは声をさらに声を大にして申し上げたいのだが、「いい親」というのは「子どもにとって都合のよい親」のことである。

今「違う」と思った人はご自身の子ども時代を思い出してほしい。10代の頃切望していたのは「お金は出すが口は出さない親」だったはずである。自分の親がそんな「都合のいい親」だったらどんなに幸せだろうと子どもの頃には思ったはずである。だったら、その子ども時代の願望を自分が親になった今実現してあげればよろしいではないか。

たしかにそんな「都合のいい親」は子どもの成長を妨げるかも知れない。でも、大丈夫である。好きに生きたって、子どもたちはやっぱりきちんと挫折したり、他の人たちに傷つけられたりして、いつの間にか人間的成長を遂げる。親が「子どもを傷つける役」をわざわざ引き受ける必要はない。

「今中高生に伝えたい進路の話」をするつもりが、「中高生の親御さんへのアドバイス」になってしまった。でも、構うまい。この二つは同じ一つの出来事の裏表なのだから。

（2024年10月20日）

第2部

冷たい国からの脱却

第4章

社会資本を豊かにするために

I　近代の危機と再興

世界で何が起きているのか

今、世界で起きている事態は「近代の危機」と呼んでよいと私は思う。危機に瀕しているのは、近代市民社会の基本理念たる「公共」である。「公共」という概念そのものが揺らいでいる。

ホッブズやロックやルソーの近代市民社会論によると、かつて人間は自己利益のみを追求し、「万人の万人に対する闘争」を戦っていたという話になっている。この弱肉強食の「自然状態」では、最も強い個体がすべての権力や財貨を独占する。けれども、そんな仕組みは、当の「最強の個体」についてさえ自己利益の確保を約束しない。誰だって夜は寝るし、風呂に入るときは裸になるし、たまには病気になるし、いずれ老衰する。どこかで弱みを見せたら、それで「おしまい」というような生き方はいかなる強者にも自己利益の安定性を保証しない。

それよりは、私権の一部、私財の一部を「公共」に供託して、「公権力」を立ち上げて、それがシステムが成員たちの間のトラブルについては理非の判定を下し、場合によっては強力を以て「非のある方」に処罰を下した方が、私権も私財も結果的には安定的に確保できる。だから、人間がほんとうに利己的に思考し、ほんとうに利己的にふるまうならば、必ずや社会契約を取り結んで、「公共」を立ち上げることになる……というのが近代市民社会論の考え方である。

もちろん、こんなのは「作り話」であって、『リヴァイアサン』で語られたような「万人の万人に対する戦い」というような歴史的事実は実際には確認されていない。社会契約説は、18世紀の人たちが手作りしたフィクションである。しかし、市民革命を正当化するためにはこのフィクションが必要だった。そして、歴史的条件が要請した物語であれば、作り話であっても巨大な現実変成力を持つ。

国際社会も市民社会と作りは同じである。個人の代わりに、国民国家が基本的な政治単位である点だけが違う。だから、国家は自国の国益のみを追求し、自然状態においては「万国の万国に対する闘争」を繰り広げていた。これはある程度までは歴史的事実である。

しかし、二度の世界大戦を経て、多くの国々は自国第一主義と決別した。自国の権利行使と、自国益の追求を抑制して、そうやって「浮いた」国権と国富の一部を国際的な機関に供託して、世界的なスケールの「公共」を立ち上げ、それによって国際秩序を維持するという方向をめざしたのである。

オルテガは「文明とはなによりも共同生活への意志である」と『大衆の反逆』に書いているが、これはその通りであって、人類はその文明の進化にともなって「分断」を克服して、「共生」を少しずつ実現してきたのである。

しかし、今の世界では、この近代的な国際秩序の理念そのものが揺れ動き始めたように見える。個人は自己利益のみを追求すればよい、国家は自国益のみを追求すればよい。そういう「自分第一主義」が支配的なイデオロギーとなってきた。個人も国家も「公共」から撤退しようとしている。「法の支配」が終わり、世界は再び「力の支配」、弱肉強食の「自然状態」へ退行しようとしている。そんなふうに見える。

「国家」より「非国家アクター」の存在感が増してきた

では、いったいなぜ、人々は「公共からの撤退」を始めたのか。

一つは国民国家が基礎的な政治単位として機能しなくなったからである。いわゆる「ウェストファリア・システム」では、国民国家が基本的な政治単位だった。「国民国家」（Nation State）というのは、人種・言語・宗教・生活文化を共有する同質性の高い人々が「国民」（Nation）を形成し、それが政治単位としての「国家」（State）を形成するという国家モデルである。この国民国家を基礎的政治単位として、「国際社会」が形成されてきた。

しかし、これはあくまで「そういう話になっている」ということに過ぎない。実際に、国際社会は国連加盟193の政治単位だけで構成されているわけではない。非国家アクターの存在感が局面によっては国民国家よりも大きくなっている。

新たに登場した非国家アクターの一つはテロ組織である。アルカイダやイスラム国のようなテロ組織にはそもそも守るべき「国民」も「国土」も「国境」も持っていない。

もう一つの非国家アクターはグローバル企業である。グローバル企業は特定の国家に帰属せず、株主たちの利益を最大化するために経済活動を行う。かつての国民国家内部的な企業は、祖国の雇用を増大させ、国税を収めて祖国の国庫を豊かにすることを（とりあえず口先では）企業活動のインセンティブとしていた。現代のグローバル企業にはそんなものはない。最も製造コストの安い国で製造し、最も人件費の安い国の労働者を雇用し、最も税率の低い国に本社を置き、どこの国民国家の国益にも貢献しないことで利益を上げている。

テロ組織とグローバル企業という二つの非国家アクターが国際社会の主要なプレイヤーになったことで、「公共」という概念が急激に空洞化した。私はそう考えている。

「テック・ジャイアント」というリスク

そして、公共の空洞化を加速しているのは、グローバル企業のうちでもとりわけ「テック・ジャイアント（Tech-Giants）」と呼ばれる巨大ＩＴ企業である。

カール・ロイズ『「意識高い系」資本主義が民主主義を滅ぼす』（東洋経済新報社）、ジョエル・コトキン『新しい封建制がやってくる グローバル中流階級への警告』（東洋経済新報社）などの書物は、テック・ジャイアントがウェストファリア・システムと民主政にもたらすリスクについて警鐘を鳴らしている。

テック・ジャイアントはすでに中規模国の国家予算に匹敵する資産を有している。ＧＡＦＡ（Google, Apple, Facebook, Amazon）の純資産の合計はフランスのＧＤＰと変わらない。アマゾンの創業者ジェフ・ベゾスの個人資産は２０８０億ドル（約33兆２８００億円）、テスラのＣＥＯイーロン・マスクの個人資産は１８７０億ドル（29兆９２００億円）。少し前に世界で最も富裕な8人の個人資産は、下位の36億人の所得と同じという驚くべき統計が示された。世界の富の大半が超富裕層に排他的に蓄積されるという傾向はますます加速している。

それればかりではない。テック・ジャイアントの先端技術には現在の世界秩序を根底から揺るがすリスクがある。ＡＩ搭載兵器は戦争の形態を一変させるかも知れない。

ディープフェイクと国民監視システムは民主政を破壊するかも知れない。技術革新は大規模な雇用喪失をもたらすかも知れない。どの場合でも、テクノロジーの進化がもたらすメリットよりもそれがもたらすリスクの方が大きい。

テクノロジーの進化は自然過程であり、誰にも止められないとこれまでは考えられてきた。楽観的な進歩史観が科学技術については信じられてきた。けれども、それを信じない人たちが登場してきた。この傾向は「テクノ・プルデンシャリズム」(techno-prudentialism／技術的慎重主義)と呼ばれる。「人類にもたらす被害が大きい可能性がある技術については、その野放図な進歩を止めるべきだ」というものである。「その科学技術が人類にもたらすベネフィットよりも、それがもたらすリスクの方が大きいテクノロジー」については開発に抑制的であるべきだというのは当然のことである。それでも、人類が生き延びるためにはテクノロジーの進化を一時停止させて、少し冷静になった方がいいということを当のテクノロジー先進国の人々が言い出したということには、少し驚いた方がいい。そこまでテクノロジーは暴走してきているのである。

では、どうやってリスクの高いテクノロジーの開発を抑制できるのか。問題はそこである。その先端技術がどんな仕掛けで、どんな可能性とどんなリスクを含んでいるのかをある程度正確に理解しているのはそれを開発した当の企業の技術者だけである。だから、技術の進歩を抑止するためにもし国際会議を開催する必要が生じた場合には、テック・ジャイアントのメンバーを会議の席に列国政府と同じステイタスで招かざるを得ない。

彼らの協力がなければもう現行の国際秩序を維持することができない以上、テック・ジャイアントのCEOや開発責任者を他国の大統領や首相と同格の政治プレーヤーとして遇するしかない。皮肉な話だが、「人類にとって危険なテクノロジー」の開発者はその「功績」によって、国際会議では、一国の元首のような扱いを受けることになるのである。

テック・ジャイアントが民主政にとってのリスクである理由はそれだけではない。

もう一つのリスクは超富裕層が民主国家の仕事を代行するかも知れないということである。

ビル・ゲイツ、イーロン・マスク、マーク・ザッカーバーグらの大富豪は2010年から大規模な社会貢献キャンペーンを始め、気候変動・教育・貧困対策などに関わるプロジェクトのために数千億ドル（数十兆円）を供出した。今どきの超富裕層は「意識が高く（woke）」、貧困や疾病に苦しむ人々対しても同情的な「政治的に正しい」ふるまいを選好するらしい。

これまでの民主政であれば、市民は自分たちの代表者を議会に送り、法律をつくり、政府がそれを実行するという手間暇をかけなければならなかった。だが、テック・ジャイアントたちを「領主」として頂く「新しい封建制」なら、「領主」さまに直接請願して、「いいよ」と言ってもらうとたちまち望みがかなう。民主主義の煩瑣《はんさ》な手続きを踏むよりも、テック・ジャイアントから「富のおこぼれ」を恵んでもらう方が話が早い。

だったら、「別に民主制なんて要らない」という話になる。民主政を迂回するより、

「領主」さまの膝にとりすがって「ご主人さまの食卓から落ちてくるパンくず」（カール・ロイズ）を当てにする方が現実的だということになる。民主政の主権者としてふるまうより、無力な平民として「心優しい領主」のお慈悲を乞う方がはやく幸福になれる。そんな考え方が広がれば、民主政は終わる。コトキンが「新しい封建制」と呼んだのは、このような未来社会のことである。

防衛反応としての「自国ファースト主義」

世界で亢進《こうしん》している「自国ファースト主義」は、これらの非国家アクターの脅威に対する国民国家サイドからの防衛反応だというふうにも理解することもできる。自国ファースト主義者は国際秩序の維持コストの負担を拒否し、自国の国益の最大化だけを追求する。中国、ロシア、北朝鮮、イランのような権威主義的国家がそうだし、インド、インドネシア、トルコなどもそれに準じている。

ヨーロッパでもハンガリー、ポーランド、オランダなどは民主主義国家だが、選挙を通じて極右の自国ファースト主義政党を政権の座に送り込んだ。アメリカもトランプが再選されれば、国際秩序の維持コストの負担を拒否するようになるだろう。

アメリカの有権者がトランプを選好するとしたら、それは「中国やロシアのような権威主義国の独裁者に対抗するためには、民主主義国も強権的なリーダーを立てるしかない。こちらが国際秩序のためにルールを守って抑制的に行動し、あちらがルールを無視して利己的な行動をするなら、勝負にならない。だったら、こちらもルールを無視するしかない」という直感的な判断に基づいているのだと思う。

戦後久しくアメリカは超覇権国家として国際秩序を主導してきた。そのコストに耐えられるだけの軍事力と経済力があったからそれができた。しかし、イラクとアフガニスタンで国力を消耗し、経済力も衰え、ついに国際秩序を維持するコストの負担に耐えられなくなった。オバマが「世界の警察官」をもう辞めると宣言したのも、トランプが「アメリカ・ファースト」を掲げたのも、同一の文脈の中の出来事である。

たしかに衰退したとはいえ、アメリカは依然として世界最強の軍事大国・経済大国である。だから、「国際秩序なんか知ったことか。アメリカさえよければいいんだ」と開き直れば中国やロシアやイランに負けることはまずない。つまり、その気になれば、アメリカは「世界最強のならず者国家」になれるということである。

世界各国が喉笛を掻き合う野蛮な「自然状態」に戻っても、その荒れ果てた「マッドマックス2」的ディストピアでも最後に生き残っているのはアメリカだろう。そのような未来をアメリカは選ぼうとしている。

でも、「自国ファースト主義」をすべての国民国家が掲げれば、いずれどこも自分で自分の首を絞めることになる。というのは、「自分さえよければそれでいい」という構文の主語の「自分」はいくらでも小さくできるからである。現に、アメリカではテキサスでもカリフォルニアでも州独立の運動が活発化している。

今、アメリカで猖獗《しょうけつ》を極めている「アイデンティティー・ポリティクス」というのは、属性の近いものが固まって、他の集団とゼロサムの資源争奪戦を展開するということである。「お前はどの部族（tribe）の人間だ？」という問いがまず立てられる。違う部族の者とは共生しない。協働もしない。もちろん公共財も共有しない。

この「より同質性の高い部族に縮減してゆく」傾向がアメリカではだいぶ以前から顕著になっている。ジョージア州フルトン郡サンディスプリングでは、富裕者たちだけが自分たちの納めた税金が他の地域の貧民に分配されることを嫌って、「金持ちだけの自治体」をつくった。金持ちがいなくなったせいで税収の多くを失ったフルトン郡は、図書館などの公共施設が維持できず、街灯まで消された。その結果、フルトン郡では治安が一気に悪化した。この「成功事例」を見て、アメリカ中の富裕層が住む自治体でこれに続く動きが起きている。

テキサス州やカリフォルニア州の独立運動も発想は同じである。自分と同質の者だけと部族を形成してその利益を最優先する。「純化と縮減」である。

この傾向が加速すれば、アメリカはいずれ「国としてのまとまり」を失うことになりかねない。公共はいったん解体し始めると、あとはもう歯止めが効かない。「共同体は純度が高いほどよい」というルールを採用すれば、同じ部族内であっても、純度の高さを求めて、さらに小さな同質集団に分裂することはもう止められない。

公共を形成するための努力――理解も共感も絶した他者との共生の努力――を拒否すれば、どんな共同体もいずれは解体する。オルテガはそれを「野蛮」と呼んだ。

今、私たちが直面しているのは「近代の限界」というより「前近代への退行」である。ということは、論理的に言えば、今必要なのは「近代の復興」、「近代への回帰」だということになる（論理的にはもう一つ「近代の限界を突破して、見たこともない世界に突き抜ける」という加速主義（accelerationism）の選択肢もあるが、「見たこともない世界」に突き抜けるプロセスでどんなリスクがあるかについて加速主義者たちは想像力の行使を惜しむ傾向があるので、私はこの立場を採らない）。

それに、「復興」とか「回帰」という言葉を使うと、まるで過去に近代が存立したことがあるようだけれど、もしかすると、「近代市民社会」などというものはまだ歴史上一度も実現したことがなかった幻想かも知れない。だとしたら、「近代市民社会の実現」こそが私たちに課された歴史的使命だということになる。

「三流独裁国」に転落しつつある日本

日本は「縁故主義」と「部族民主主義」によって、今や「三流独裁国」に転落しつつある。自民党の世襲議員たちは縁故がらみの部族を形成して、国民から供託された公権力を私利のために用い、公金を私物化している。そんな無法ができるのは、エスタブリッシュメントのメンバーたちがお互いに融通を図り、連携を密にして、相互扶助ネットワークを形成しているからである。エスタブリッシュメントは緊密に連帯している。一方、貧しい国民は「自己責任」を求められ、分断し孤立している。奇妙な話だが、そうなのだ。

歴史を顧みても、富裕層、権力者はつねに相互扶助の仕組みを作り、その恩恵を享受している。それに対して、貧しい大衆は「世の中に連帯などというものはない。全員が自己利益の最大化をめざして競争しているのだ」というイデオロギーを吹き込まれ、それを信じて、苛烈な競争に投じられ、お互いの足を引っ張り合い、公共財の分配に与ることができず、政治的に無力な状態に釘付けにされる。

勘違いしている人が多いが、今の日本社会は全員が弱肉強食の競争に投じられているわけではない。エスタブリッシュメントはメンバー同士の相互扶助ネットワークを形成して、その政治的・経済的リスクをカバーするという共同作業を愚直に行っている。そのおかげで、エスタブリッシュメントのメンバーに登録されれば、法を犯しても処罰されず、裏金を懐に入れても課税されず、どれほど失政をしてもメディアは報道しない……という特権を享受できる。一方、貧しく無力な大衆たちには「勝った者が総取りして、負けたものは自己責任で路頭で野垂れ死にするしかない」という新自由主義イデオロギーが選択的にアナウンスされる。

エスタブリッシュメントは「新自由主義」イデオロギーを宣布しているけれども、自分自身はそれを信じていない。これは貧乏人向けのイデオロギーなのである。貧乏人たちが決してその階層を離脱して、社会的上昇を遂げることができないように、貧乏人を無力な地位にとどめおくためにきわめて効果的なイデオロギーなのである。

エスタブリッシュメントにももちろんその特権に引き換えに義務は課されている。彼らには職業選択の自由も、移動の自由も、言論の自由もない。自分の部族に忠誠を誓い、部族から命じられた役割を忠実に演じ、その代償として権力と富の分配に与っているからである。だが、その恩恵があまりに豊かなので、彼らは自分たちの自由を犠牲にしても、彼らの「小さな公共」に忠誠を誓っているのである。

ブルジョワジーは連帯し、プロレタリアは孤立している。昔からそれは変わらない。

だから、マルクスは「万国のプロレタリア、連帯せよ」と『共産党宣言』の最後で獅子吼したのである。ブルジョワジーは国境を越えて連帯しているのに、プロレタリアは国境線で分断されている。マルクスはそのことを指摘したのである。

今の日本のように国民の多数が貧しく、政治的に無力な状態に置かれていれば、統治コストは安く上がる。支配層が公共財を私物化しても、公権力を私事に利用しても、異議を申し立てる人がいない。エスタブリッシュメントにしてみたら、まことに暮らしやすい社会である。問題は、そんな社会からはもう「新しいもの」は何も生まれてこないということである。

支配層が公共財をひたすら私財に付け替えているうちに、その集団の公共財はどんどん乏しくなってゆく。ある集団の貧富を決定するのは、その集団の最も豊かな者の私財の額ではない。集団全員がアクセスできる公共財（コモン）の多寡である。1%の富裕層が天文学的な個人資産を持ち、残りの99%が貧困である社会を「豊かな社会」とは呼ばない。集団の貧富を決定するのは、その集団の資産総額ではない。その資産のうちどれほどが公共に供託されているかである。

「愛国心」はプロパガンダで生まれるものではない

ヨーロッパ中世にあった「コモン」というのは村落共同体の共有地のことだが、そこで村人たちは自由に放牧をしたり、狩猟や漁撈《ぎょろう》をしたり、果実や野草を採取する権利があった。だから、たとえ個人資産が乏しくても、コモンが豊かであれば、生活に窮することはなかった。けれども、「囲い込み（enclosure）」によって、富裕な人々が共有地を買い上げて、彼らの私有地とすると同時に村落共同体は解体し、村人たちは貧困化して、都市に流入して、「労働力の他に売るものを持たない」プロレタリアというものになった。

日本人もコモンを失い続けている。それが日本が貧しくなっているということの実相である。このような体制が続けば、日本の国力はどこまでも失われてゆく。でも、エスタブリッシュメントはそんなことは別に気にしていない。彼らにしてみたら「国」なんてどうなってもよいのである。

まだ日本にはいくらでも「売れるもの」がある。土地も売れるし、観光資源も売れるし、水も売れるし、社会的インフラも売れる。それを外資に売り払って、私財に付け替えていれば、日本が沈む時に、自分たちだけはハワイでもシンガポールでもカナダでも逃げ出して、日本を売った代価で孫の代くらいまでなら優雅に暮らせる。だから、彼らははやばやと資産を海外に移し、海外に家を買い、海外でビジネスを展開して、「泥船」から逃げ出す準備だけはしっかり済ませている。それでもぎりぎりまで「泥船」に踏みとどまるのは、まだまだ持ち出せる「宝」が日本列島には山のように残っているからである。それを洗いざらい持ち出した後に、自分たち専用の「救命ボート」で逃げ出すつもりでいる。

もう「日本」という政治単位そのものの土台が崩れようとしている。排外主義の亢進は「国が壊れる」ことへの恐怖心が生み出したものなのだが、別に移民や外国人が日本を壊していると彼らだって思っているわけではない。日本を壊しているのは日本人自身であるということはレイシストだってわかっている。

中国脅威論や移民亡国論のような排外主義的な言説がこれからますます猖獗《しょうけつ》を極めると思うけれども、国を壊している当の自民党が国民に向かって「愛国心を持て」

などと口走っている。いったい、どの口が言うのか。

本当に愛国心を涵養《かんよう》したいのなら、「世界のどの国にも住みたくない。何がなんでもこの国で暮らしたい」と全国民が思えるほど居心地のよい国をつくればいい。それなら国民は自分の国を守るためにならなんでもしようと思うだろう。税金だって喜んで払うし、国旗にも敬意を示すだろう。愛国心はプロパガンダで生まれるものではない。

それに日本はまだまだ捨てたものではない。各地で、「小さな公共」を手作りしている人たちがいる。私が個人的に存じ上げている中にも、北九州で「抱樸《ほうぼく》」というホームレス支援活動をしている奥田知志《ともし》牧師や、関西で「D×P」という10代の少年少女を支援している今井紀明さんのように身銭を切って「公共」を立ち上げ、孤立した貧しい人たちを相互支援ネットワークに包摂するために活動している人たちがいる。私は彼らの運動と組織を高く評価するけれど、それは何よりも彼らが「公共」を再構築しようとしているからである。小さな公共を創り出そうとしているからである。

これらの小さな運動を少しずつ広げ、つなげて、全国に広がるゆるやかなネットワークを創り出すこと、近代の復興のために私が思いつけるのはそれくらいである。日本の未来はたしかに明るくはないけれど、希望がまったくないわけではない。

（2024年7月11日）

II　日本型コミューン主義の蘇り

「君民共治」という強い物語

権藤成卿という農本主義者の『君民共治論』という本が復刻されることになり、解説を書いた。

権藤は北一輝とともに「昭和維新」を代表するイデオローグであり、五・一五事件の黒幕とみなされた人物である。そんな剣呑《けんのん》な思想家の本が今頃復刻されることになったのは、版元が昭和維新という運動に伏流していた政治思想がまだ日本人の心性のどこかに生きていると思ったからだろう。

たしかに権藤成卿のような土着の政治思想は決して死なないのである。表層から姿を消しても、地下水脈となってずっと流れ続けている。

権藤が理想としていたのは、「君民共治」であった。勘違いして欲しくないが、これは天皇が支配する体制のことではない。「共治」である。「共治」とは、政府による中央集権的な「官治」の対義語である。庶民が自分たちの小さな自治体ごとに「自治」する体制である。天皇はそれらの自治体（コミューン）をとりまとめる幻想的な統合軸であり、政治的実体ではない。天皇は支配者ではなく、統合者である。「共治」体制において民衆のイーブン・パートナーなのである。聖王と良民はめざすものが同じだから、この関係には支配者と被支配者、権力を持つものと持たざるものの間の対立や葛藤はない。

むろんそんな政治体制は過去に存在したことはないし、たぶん将来も実現しないだろう。けれども、それにもかかわらずある種の物語は現実変成力を持つ。どれほど空想的であっても、人の心に浸み入って、その人を行動に駆り立てるなら、その物語は「強い物語」だということになるだろう。そして、権藤成卿の語る物語は「強い」。だから、死なないのである。

基礎的な政治単位は「国家」ではなく「社稷」

権藤は君民共治の基礎をなす自治体のことを「社稷《しゃしょく》」と名づけた。民衆が自治的な制度を創ったのは、おのれの生命財産を安定的に確保するためであった。という立論そのものはジョン・ロックの『統治論』やトマス・ホッブズの『リヴァイアサン』やジャン＝ジャック・ルソーの『社会契約論』と変わらない。人々が、わが身の安全と財産の確保のために「原始自治」が起こり、「大同の典例」が認められ、「社稷体統」が始まった。権藤はそう説いた。

白川静の『字通』によれば、「社稷」の「社」は「産土神《うぶすな》」の意である。「山川叢林《そうりん》の地はすべて神の住むところで、そこに社樹を植えて祀《まつ》った。」「稷」は「田神、農穀の神。（……）地の神である社と合わせて社稷といい、国家の意に用いる」とある。

権藤があえて「国家」の文字を用いず「社稷」にこだわったのは、「土の神」と「農の神」がもたらす安らぎと恩沢に涵養されて生きた共同体だけが歴史的与件の激変にもかかわらず同一性を保持しうる政治単位であるという確信があったからである。権藤はこう書いている。

「わが国の建国は悉《ことごと》く社稷を基礎として建立されたものである。（……）民衆衣食住の進歩は、実に社稷の進歩である。衣食住の満足と安全は、直に民衆道徳の振興となり、民衆道徳の振興は、其国の整備となり、光輝となる者である、是れ我輩が社稷を措《おい》て国を認めぬ所以《ゆえん》である。太始に於ける社稷の尊崇は民衆の自治に肇《はじ》まり、其各種各色異同ある幾多の自治郷邑《きょうゆう》を一匡《いっきょう》して国をなせるを以て、民衆の自治を無視して国の経緯は立てられぬものである。」（『自治民範』）

権藤は基礎的な政治単位は「国家」ではなく、「社稷」でなければならないと考えた。だから、仮に国民国家という政治的擬制が（その歴史的な存立根拠を失って）消滅することがあったとしても、社稷は残る。権藤は次のようなほとんどSF的な想定に基づいて社稷の永遠性を基礎づけた。

「世界皆日本の版図《はんと》に帰せば、日本の国家といふ観念は不必要に帰するであらう。けれども社稷という概念は、取り除くことができぬ。国家とは、一の国が他の国と共立する場合に用いらるゝ語である。世界地図の色分けである。社稷とは、各人共存の必要に応じ、先ず郷邑《きょうゆう》の集団となり、郡となり、都市となり、一国の構成となりたる内容実質の帰着する所を称するのである。各国悉くその国境を撤去するも、人類にして存する限りは、社稷の観念は損滅を容るすべきものではない。」（『自治民範』、強調は内田）

世界全部が日本の版図になっても、あるいはすべての国がその国境線を廃絶しても、それでも人類が存する限り社稷は残る。権藤はそう断言する。権藤成卿は「コミューン主義者」なのである。

理想を阻む、歴代の中間的権力者

権藤によるならば、大化の改新の時に実現したその君民共治の理想を破壊したのは、聖王と良民の間に介入して、権力と財貨を独占しようとした中間的権力者たちである。それは蘇我氏から始まって、藤原氏、平家、源氏、北条氏、足利氏、徳川氏、そして、明治の薩長藩閥に至る。「君側の奸」とはこの中間的権力機構のことである。彼らを排除すれば、再びこの国は君民共治の理想境に戻る、というのが権藤の紡いだ物語である。

この物語は別に権藤の創見ではない。この物語原型は水戸学から三島由紀夫まで変わったことがないのである。そして、近代の政治革命の企てを徴する限り、日本人の政治的エネルギーはこの「君民共治的コミューン主義」に触れた時にしか高揚しないのである。

明治維新、大正維新、昭和維新……と政治革命に際しては必ず「維《こ》れ新たなり」という言葉が使われた。意味するところはどれも同じである。そして、それを掲げて政治革命を主導した人たちが次の中間権力者になるという末路も同じである。

暴力的に権力や財貨を奪取した者は、その成功ゆえに、次の体制における「君側の奸」になる。どうやってこの轍《てつ》を踏まずに君民共治の日本型コミューン主義を実現するのか。それが日本人に課された思想的課題である。

権藤から私たちへの思想的な「贈り物」は、政治革命を達成した後にも決して自らを権力者とすることのない革命主体とはいかなるものかという問いである。私が権藤の政治思想に惹かれるのは、彼がその「権力化しない革命主体」の可能性を、社稷という土着の共同体のうちに見出そうとした点である。そのほとんど素朴なまでの「良民」への信頼に私は心を打たれる。

民衆が手作りしたいくつものサイズの異なるコミューンが日本列島中に展開し、それらが天皇という統合軸によって幻想的にゆるやかに結ばれる。それが日本型コミューン主義である。かつて一度も成功したことがない政治的企図だけれど、それ以外に日本においてラディカルな政治的変革を実現する方法はない。それは三島由紀夫が1969年に東大全共闘との対話の場において語った通りであると私も思う。三島はこう言った。

「これはまじめに言うんだけれども、たとえば安田講堂で全学連の諸君がたてこもった時に、天皇という言葉を一言彼等が言えば、私は喜んで一緒にとじこもったであろうし、喜んで一緒にやったと思う。（笑）これは私はふざけて言っているんじゃない。常々言っていることである。なぜなら、終戦前の昭和初年における天皇親政というものと、現在いわれている直接民主主義というものにはほとんど政治概念上の区別がないのです。これは非常に空疎な政治概念だが、その中には一つの共通要素がある。その共通要素とは何かというと、国民の意思が中間的な権力構造の媒介物を経ないで国家意思と直結するということを夢見ている。この夢みていることは一度もかなえられなかったから、戦前のクーデターはみな失敗した。しかしながら、これには天皇という二字が戦前はついていた。それがいまはつかないのは、つけてもしようがないと諸君は思っているだけで、これがついて、日本の底辺の民衆にどういう影響を与えるかということを一度でも考えたことがあるか。これは、本当に諸君が心の底から考えれば、くっついてこなければならぬと私は信じている。」（三島由紀夫・東大全学共闘会議駒場共闘焚祭委員会、『討論　三島由紀夫vs.東大全共闘』、強調は内田）

三島はここで権藤成卿とほとんど同じことを繰り返している。当時、そのことを指摘した人がいたかどうか、私は知らない。少なくとも二十歳だった私の周りにはいなかった。

ただし、三島が政治革命の基礎運動体が「コミューン」でなければならないというふうに考えていたかどうかはわからない。彼が組織した「楯《たて》の会」は戦闘集団ではあったけれど、「社稷」というにはほど遠いものだったからである。それでも「中間的な権力構造の媒介物」を排除しないかぎり、聖王と良民の共治は実現しないということを三島は確信していた。

日本国憲法第一条には「天皇は、日本国の象徴であり、日本国民統合の象徴であって、この地位は、主権の存する日本国民の総意に基づく」とある。権藤成卿は1937年、盧溝橋事件の二日後に逝去するが、もしあと10年長く生きて、日本国憲法のこの条文を読んだら、どう思っただろうか。権藤は「そうだ。これが『君民共治』だ」とつぶやいたのではないか、私はそんな気がする。

権藤成卿は現代においてもなお再読に値する思想家だと私が思うのは、如上のような事情による。

（2024年7月11日）

III　血を流さずに国を変える道

「贈与したらなくなるもの」と「贈与しても減らないもの」

この世の中には「贈与したらなくなるもの」と「贈与しても減らないもの」がある。権力や財貨は誰かに奪い取られると失われる。しかし、文化資本は贈与しても目減りしない。知識や教養や技能は人に与えても減らない。あまり言う人がいないが、そうなのだ。

支配層は権力と財貨と文化資本を独占する。そして、文化資本の厚みの違いを階層再生産の道具に使う。ふつうはそうである。それについては、ピエール・ブルデューが『ディスタンクシオン』で活写している。

フランスやイギリスのような階層社会では、文化資本の差（文学についての知識、芸術作品について審美眼、適切なマナーや言葉づかいなどなど）によってグラン・ブルジョワとプチ・ブルジョワの間には乗り越え不能の「壁」がかたちづくられる。そして、なんとかしてこの文化資本の差を埋めて階層上昇を遂げたいというプチブルたちの欲望そのものが階層社会を再生産している。

ヨーロッパではおそらくそうなのだと思う。だが、日本は違う。なぜか現代日本ではエスタブリッシュメントたちは権力と財貨の占有には熱心だが、文化資本の占有にはまったく関心がないからである。

今の日本の権力者の中に、歌を詠《よ》んだり、詩を書いたり、能楽や義太夫を稽古したり、武道や修験《しゅげん》の修行をしたり、参禅したりする人はほとんどいない。別にそのようなものに価値があると思っていないからだ。「それは金になるのか？」という問いに、「別に」と答えたら、たぶん一瞬で興味を失うだろう。

だから、貧しい大衆が文化資本を獲得して、知性的・感性的に成熟してゆくことを彼らは「領域侵犯」だとはとらえていない。興味ないから。

日本のエスタブリッシュメントは自分たち自身が幼児的であるので、「市民的成熟」

ということに特段の価値を認めていない。成熟することに意味があると思っていない。だが、人間が市民的に成熟を遂げるというのは、強い現実変成力を獲得することを意味している。今起きている出来事をひろびろとした歴史的スパンの中で考察し、その意味を理解し、未来を適切に予測できる人間には現実を変える力が備わる。成熟した人間にはそれができる。そして、これを私は強調したいのだけれど、権力や財貨と違って、文化資本はいくら他者に贈与しても目減りすることがない。

「知性」と「教養」を持った大人を増やす方法

私は凱風館で道場では武道を教え、学塾では教育活動をしているわけだけれど、私がいくら持てる限りのことを教えても、それによって私の手持ちの知識や情報が減るわけではない。むしろ、教えることを通じて私の知見は深まり、新しい気づきを得る。門人が十分に上達して独立して新しい道場を開いても、それで私の道場に来る人が減るわけではない。合気道を稽古する人の絶対数が増えるだけである。私たちは閉じられた市場の中で「クライアント」の奪い合いというゼロサムゲームをしているわけではない。修行を通じて生きる知恵と力を高める人の頭数を増やしているだけである。

たまたま私は自分の家を公共の道場として提供しているけれども、別に自宅である必要はない。図書館でも、祠《ほこら》でも、舞台でも何でもいい。場を見出して、それぞれが手持ちの文化資本を原資として贈与することで「公共」を立ち上げて、文化資本が広くできるだけ多くの人に行き渡るための拠点とする。それがこれからの「日本的コミューン主義」の戦い方だと私は考えている。迂遠《うえん》と思われるかも知れないが、これが知性と教養を備えた大人の頭数を増やすための最も確実な方法であると私は信じている。

（2024年7月21日）

Ⅳ　農業を基幹産業に

ふるさとの「原風景」

農業についてよく講演や寄稿を依頼される。私自身は都会生活者で、農業とはほぼ無縁の生活を送っている人間である。だから、私に農業のことを訊きに来るのは「現場のことはよく知らないけれど、日本の農業のさきゆきに強い不安を抱いている人間」の意見も（参考のために）聴いておきたいということなのだと思う。

だから、以下に私が書くことは、ふつうの農業関係者がまず言わないことを、まず用いない言葉づかいで語ることになる。そういう視点からも農業の重要性と危機を語ることもできるのだということをわかって頂きたい。

私は1950年、戦後5年目の東京の多摩川のそばで生まれた。駅から多摩川の河川敷まではかつて軍需工場とその下請けが立ち並んでいたところで、B29の爆撃でほとんど廃墟となった。そのあとに人々が住み着いたのである。

私の家の前には「原っぱ」があった。春には菜の花が咲き、秋にはススキが揺れる、遠目にはきれいな場所だった。でも、子どもが足を踏み入れるのはかなり危険だった。焼けて折れ曲がった鉄骨や壊れたコンクリートの土台やガラス片が草の下にひろがっていて、うっかり転んだり、踏み抜いたりすると、ひどい怪我をするリスクがあったからである。

軍需工場の醜い焼け跡を豊かな緑と草花が覆いつくしているというのが、私にとってのふるさとの「原風景」である。宮崎駿の『天空の城ラピュタ』を観たときに、科学の粋を尽くして設計された天空を飛行する巨大艦船ラピュタが、乗員を失って無人のまま何世紀も飛行しているうちに、草花と木々に覆われた「空飛ぶ庭園」のようなものに変化してゆくという物語に既視感を覚えたことがあった。あるいは宮崎駿にとっても、「兵器を覆う緑」という図像が戦後の原風景だったのかも知れない。

「兵器を覆う緑」というのは、敗戦後、焦土となった日本に育った子どもたちにとって、最も身近で、そして最も心休まる風景でもあった。その風景は「もう戦争はない」という現実だけでなく、「緑は人間の犯した愚行や非道をすべてを静けさと平安のうちに回収する」という植物的なものへの信頼と親しみの感情を醸成した。少なくとも私においてはそうであった。

失われてしまった「農業の比喩」

1950年の日本の農業人口は1613万人。日本の人口が8400万人だった時代に総人口の20%が農業従事者だった。2024年の農業人口は88万人。1億2500万人の0・7%に過ぎない。敗戦後の日本では「食物をつくる」ことが最優先だったから、この数字は当然だと思う。そして、農業が基幹産業である社会では、あらゆる場面で農業のメタファーが用いられた。私が都会の子どもであったにもかかわらず、農業に親近感を持つのは、農業の用語で育てられたからである。

学校教育はほとんど農業の比喩だけで語られた。子どもたちは「種子」である。教師は「農夫」である。水をやり、肥料をやり、病虫害や風水害から守り、やがて収穫期になると「実り」がもたらされる。ほとんどは自然任せであるから、人間が工程を100％管理することなど思いもよらない。そもそも秋になると何が、どの程度の収量収穫できるのかさえ事前には予測できないのである。どんなものでも実ればそれは「天からの贈り物」である。

私たちはそういう植物的な比喩の中で育てられた。だから、教師がガリ版刷りしていた学級通信の題名は多くが「めばえ」とか「わかば」とか「ふたば」とかいう植物的語彙から採られていた。誰もそれが変だとは思わなかった。

基幹産業が変わると、「価値あるもの」が何かについての社会的合意も変わる。私が1960年代に経験したのは、「価値あるもの」を言い表すときに「農業の比喩」を使う習慣が失われたことである。でも、そのときには気づかなかった。

基幹産業が重工業に移行すると、人々は「重さ」や「量」や「速さ」で価値を言い表すようになり、基幹産業がサービス業に移行すると「効率」や「生産性」や「汎用性」で価値を言い表すようになり、さらに産業が高次化すると、もう語彙がなくなってしまって、あらゆるものを「貨幣」に置き換えて言い表すようになった。だから、今は子どもたちを育てるときに、(にべもない言い方をすれば)大人たちは「この子は将来いくら稼ぐか」というものさしを使う。もう、それしか使わなくなった。子どもたちにとってはまことに不幸なことである。

農作物は「商品」ではない

私はもう一度農業が基幹産業になるべきだと思っている。経済的な意味での基幹産業になることはないだろうけれども、この社会の「根源を支える活動」という意味での「基幹産業」であることは、国民が自分の意思で決定できることである。

統治者たちが「農業が国の基幹産業である」という哲学を持てばよいのである。農業がGDPの何パーセントであるとかいう話をしているのではない。土を耕して、天の恵みにすがって、食べ物をつくるという営みが人間的諸活動の基本であり、数万年にわたるこの活動を通じて、人類はその集団的なあり方の基本を創り出したという歴史的事実を決して忘れないということである。

農作物は商品ではない。あたかも商品のように仮象して市場を行き交うけれども、それは農作物を「あたかも商品であるかのように」扱う方が、農作物が安定的に供給されるという経験知に基づくものである。

他の商品は（自動車でも携帯電話でも）供給が途絶しても、それで人が死ぬということはない。でも、農作物は供給が途絶すると、しばらくすると争奪で人々が争うようになり、やがて人が餓死し始める。だから、絶対に供給を中断させてはならないのである。これを市場に委ねるというのは、人間の傲慢である。コロナ禍の時に、「必要なものは、必要な時に、必要な量だけ市場で調達すればよい」と言い募っていた「クレバーな経営者」たちのせいで、たくさんの人が死んだことを忘れてはいけない。

だから、食物、医療、そして教育は絶対にアウトソースしてはいけないのである。それだけは国民国家の枠内で自給自足できる体制を整備しなければならない。それが国家的なリスクヘッジの基本である。だから、世界の先進国のほとんどはそれをめざしている。しかし、日本は医療だけはなんとか維持できているが、食物と教育についてはもう国内で国民が求めるものを創り出す力がなくなっている。そして、そのことについて政治家たちも官僚たちも財界人たちもメディアも、危機感を持っていない。恐ろしい事態だ。こんなことを続けていたら、日本にはもう未来がない。

戦闘機やミサイルを買う予算があるなら、農業と医療と教育に投じるのがほんとうの意味での「国防」である。国民が飢えて、病に苦しみ、求める教育機会が得られないのなら、それは国民を「見捨てている」ということである。国民を見捨ててつくった金で兵器を買い集めて、政府はそれでいったい何を守るというのか。

日本はもう経済大国になることはない。人口は21世紀の終わりには5000万人にまで減ると予測されている。明治40年ころと同じである。でも、そのときも日本人は全国津々浦々で生業を営み、固有の文化を享受していた。これからの時代、なおそれなりに豊かに暮らすためには、農業と医療と教育に最優先に資源を分配し、たとえ貧しくても、誇り高く、道義的な国として生きるのが適切な選択だと私は思う。同意してくれる人は少ないけれど、私はそう信じている。

(2025年1月14日)

第5章

教育と自由

（「自由の森学園創立40周年記念講演」より）

経営者は「時流」に合わせ、同窓生は「変化」に抵抗する

みなさん、こんにちは。今ご紹介頂きました内田樹です。

僕は神戸で「凱風館」という武道の道場と学塾をやっています。そこに9年前に入門されたご夫婦がいます。男性は僕のＩＴ秘書をしてもらっていて、女性は今年の5月から書生として働いてもらっています。凱風館の5人の書生の中で一番の新人です。このご縁のあるお二人が「自由の森学園」の卒業生ということで、創立40周年の記念講演に招待していただきました。

記念講演に卒業生、在校生がこれだけ多数集まるというのは、母校に対する愛がそれだけ深いからだと思います。二人の門人も遠く神戸からわざわざ来てくれました。卒業した学校のためにここまで献身的になれるというのは、なかなかできないことです。

僕は自分の卒業した学校に関しては、学部も大学院も、正直言って、ほとんど愛着がありません。大学からは寄付を求められたことがありましたが、応じませんでした。

一度だけ、大学の文学部に進学する学生数が激減してしまい、なんとかテコ入れをしたいので文学部への進学を勧める宣伝パンフレットに出て欲しいというリクエストがあって、それにはお応えしたことがあります。でも、後にも先にも、母校のために何かしたというのはそれきりです。何人かよい友だちができたこと、親身になってくれた先生がいたこと以外に改めて「ああ、あの学校に行ってよかった」と思ったことはありません。そういう非人情な人間から見ると、卒業生たちが母校に対してこれだけ強い愛着、愛情が持てるということは、ここでなされたすばらしい教育の成果だと思います。

僕は長く神戸女学院大学というところの教師をしておりました。神戸女学院は中学から大学まである女子校ですが、ここでも卒業生たちの愛校心に驚かされました。小さな学校ですが、歴史が長いので同窓会員が3万人くらいいます。この同窓会が学校のあり方に大きな影響力を発揮しています。

僕は同窓生が母校の教学や経営に関して発言することは決して悪いことだとは思いません。というのは、多くの場合、同窓生は「母校が変わらないこと」を願うからです。自分が卒業した学校が、そのあとどんどん変わって、キャンパスが移転し、カリキュラムが変わり、ついには卒業した学科や学部がなくなる……ということを同窓生は望まないのです。学校経営者はビジネスマン的なセンスに従って、「時流に合わせる」ことをしたがりますが、同窓会の人たちは変化に抵抗する。

それは当然だと思います。自分が卒業した学部学科がなくなるということは、「あなたが受けた教育はもう時代遅れだ」と卒業生に向かって宣告するに等しいからです。大学が変わらなければならないのは当然のことです。でも、それが卒業生に対しては「あなた方が受けた教育はもう社会的有用性を失った」と宣告することであるということについてはもう少し「疚《やま》しさ」を感じるべきだと僕は思います。

「社会的共通資本」はゆっくり変化しなければならない

学校というのは、経済学者の宇沢弘文先生が言うところの「社会的共通資本」の一つです。「社会的共通資本」というのは、集団が存続していくために絶対に必要なものので、これは専門家による専門的知見に基づいて、安定的に管理・運営されなければならない。

例えば、大気、土壌、海洋、河川、湖沼、森林などの自然環境、それから上下水道、交通網、通信網、電気ガスといった社会的インフラ、これらも安定的に管理されなければいけない。さらに、司法、行政、医療、教育といった制度資本、これらもまた集団が存続していくためになくてはならないものですから恒常性、安定性が優先する。

社会的共通資本は急激に変化してはならない。何があっても「昨日の続き」が保証されていなければならない。もちろん変化はしますが、ゆっくりとでなければならない。

それに対して、政治と経済は急激に変化しますし、変化してよいものです。政治と経済は「複雑系」だからです。「複雑系」というのは、わずかな入力変化によって劇的な出力変化が生じるシステムのことです。「北京で蝶が羽ばたくとカリフォルニアでハリケーンが起きる」という喩《たと》えがよく使われますが、わずかな入力変化が劇的な出力変化になる。だから政治や経済はおもしろいのです。だから、みんなが夢中になる。個人のコミットメントによって、政治的状況や市場が一変することがある。ある種の全能感を手に入れることができる。だから、複雑系に人々は魅了される。それはそれでいいのです。

ですが、人間の営みは必ずしもすべてが複雑系ではない。複雑系であってはならないものも存在します。そして、先ほど挙げた社会的共通資本は、「わずかな入力変化で劇的な出力変化が起きる」ことがあってはならないものです。政権交代したから司法判断が変わるとか、株価が下がったので教育カリキュラムが変わるとか、そういうことがあってはならない。極端な話、革命が起きても、戦争が始まっても、大恐慌になっても、相変わらず水道からは水が出るし、地下鉄は時間通り来るし、病院にゆけば治療が受けられる……ということでなければ困る。

こういうものは「惰性が強い」ことそのものが手柄なわけです。でも、なかなかこの理屈が理解してもらえません。社会の変化というのは均一的に、すべてのセクターに及ぶべきだと信じている人たちがいる。いるどころじゃなくて、そういう人たちが今の日本社会の圧倒的多数です。彼らは政治過程や経済活動に変化が起きたら、それに合わせてほかのシステムもすべて変わらないといけないと考えている。

「教育」は惰性の強い仕組みにせよ

しかし、教育に関してこういう考え方をされるのはほんとうにはた迷惑なんです。教育現場にいて、よく向けられるクレームがあります。それは「社会がこれだけ変化しているのになんで教育は変わらないんだ」というものです。「教育制度は硬直的にすぎるんじゃないか。保守的にすぎるんじゃないか。なぜ社会の変化と同調しないで、古めかしい教育をしているんだ」と叱られる。言う方は善意なのです。政治経済の変化と同調して、すべてのシステムも変化することを端的に善であると信じているからそういうことを言う。でも、それは短見というものです。

教育は本来「惰性が強いシステム」であり、ゆっくりとしか変化しないし、変化してはならないものです。それを教えてくれたのは、諏訪哲二さんという方です。2005年に『オレ様化する子どもたち』という本を書かれた高校の先生でした。その諏訪先生と、若い頃に一度対談したことがあります。その時に諏訪先生が「教育は、惰性の強い仕組みですから」とおっしゃったことが非常に印象に残っています。そのあとに宇沢先生の本を読んで腑《ふ》に落ちました。教育は惰性の強い仕組みなのです。もちろん変化しますが、急激な変化は受け付けない。

でも、教育現場には、文科省から産業界からあるいはメディアから「変われ、変われ」という圧力がずっとかかっている。社会の変化にキャッチアップしろ、と。グローバルな経済競争に勝ち残るために子どもたちに英語を教えろ、コンピュータ・サイエンスを教えろ、金融を教えろ、もっと早い段階から将来の専門分野を決めさせろ、競争に敗けたら人生は終わりだと教えろ……そういう圧力が全方位からかかってきます。

そして、残念なことに、もう教師の側もそれに抗うだけの力がない。教育は惰性の強い制度だから、そんな日替わりメニューみたいにくるくる変わることはできないときっぱり斥《しりぞ》けるだけの理論武装がない。

「何のために変化しなければいけないのか」という根本の問いを忘れて、とにかく時代がこう変わっているのだから、テクノロジーがこう進化しているのだから、政治過程や市場の仕組みがこう変わっているのだから、それに合わせて教育も変わらなければばいけないと多くの教師たちは思い込まされている。

産業界からの圧力が一番激しい。彼らは「即戦力になる人材を作って送り出せ」と教育現場に圧力をかけてきます。でも、「即戦力」って一体なんですか。

大学を出た若者たちはさまざまな業界のさまざまな職種に就きます。そのすべてに共通する「即戦力」などあるはずがない。そんな汎通性の高い知識や技能は大学では教えられません。卒業して、CAになる人と看護師になる人とコンサル会社に勤める人のすべてに有用な専門的な知識や技能などあるわけがない。だとすると、彼らが言う「即戦力」というのは知識や技能ではないということになる。「即戦力」というのはそういうものではなくて、メンタリティーのことなんです。要するに「使い勝手がよい」という意味なんです。上司の命令をなんでも「はいはい」と聞く。残業も休日出勤も厭《いと》わない。辞令一本で翌日から海外勤務に飛び立つことができる。そういう「イエスマン」の心性をかたちづくって卒業させろ。産業界は大学に対してそう要請しているわけです。

教師としては、そんなことを求められて、おいそれと従うわけにはゆきません。とりわけ私立学校の場合は、そんな「使い捨てしやすい人間」を世に送り出すために、建学者たちはこんな学校をつくったわけではありませんから。

私立学校があるべき学校の姿として参照すべきものがあるとすれば、それは「建学の理念」です。大切なのは「建学の理念」であって、今の「社会のニーズ」ではありません。なぜなら、建学者が学校を造ろうと思ったのは、決してその時の「社会のニーズ」に応えてではないからです。

そもそも建学時点では、在校生がいないし、卒業生もまだいない。自分たちの学校がこの社会でどのような役割を担うものであるか、まだ検証ができていない。でも、理想だけはある。

「私学」の存在意義とは？

神戸女学院は、明治8年創建なので、もうすぐ150年になります。アメリカからやってきたタルカットとダッドレーという二人の女性宣教師が神戸で開校した小さい塾から始まりました。

この二人の宣教師はサンフランシスコから船に乗って太平洋を横断して日本に来たわけですが、出航時点においては、まだ日本ではキリシタン禁制の高札が掲げられていました。「社会のニーズ」どころではありません。「来るな」と言われている土地に来たのです。

それはこの二人の宣教師には、どうしても教えたいことがあったからです。伝えたいことがあったからです。そうやって神戸で小さい学塾を始めた。そこに少しずつ、惹きつけられるようにして子どもたちが集まってきて、だんだん大きな学校になり、１５０年が経っていました。建学の時点において、日本社会のどこにも「こういうような教育をしてください」というニーズはなかった。それでも教育活動を始めた。学校教育というのは本来そういうものなのです。市場の需要に応えて、教育商品を提供したわけではなく、教えたいことがあるから教えに来たところから始まるのです。

日本の大学は75%が私学ですが、私学は「教えたいこと」がまずあって創建されました。「どこもやっていない教育」をしたかったからです。他にやっているなら、別に身銭を切って新しい学校を建てる必要はありません。まず建学者の強い意志があり、それが学校を創り出した。

しかし、90年代から、もう教育者たち自身がそういう考え方をしなくなりました。その時期から教育を語るときにビジネス用語が頻用されるようになりました。「マーケットのニーズに対応した教育プログラム」とか「保護者や生徒に好感されるカリキュラムの展開」とかいう言葉を教授会でぺらぺらと言い出す人が出てきた。さらには「質保証」とか「工程管理」といった工学の用語で教育を語る人まで出てきた。

そのとき僕ははげしい違和感を覚えました。それは違うだろうと思ったのです。市場のニーズに合わせて教育するのではなくて、「教えたいこと」を教えるのが私学なんじゃないかと思ったからです。

例えば、慶應義塾は「私学の雄」ですが、福澤諭吉の『福翁自伝』を読むと、「社会的なニーズ」への配慮などかけらほどもないことがわかります。彰義隊の戦争のさなかに、江戸中が火の海になるかというときにも福澤諭吉は世の中にきっぱりと背を向けて英書を読んで経済学の講義をしている。徳川時代の藩校はもはや教育機関として機能していないし、明治政府にはまだ学校をつくる余裕がない。いやしくも今の日本を見回して、まともな高等教育をしているのはわが慶應義塾ただ一つである。そう福澤は豪語するのです。人々が右往左往している中で、われわれはひとり悠々と学問を講じている。社会の目先のありようとまったく関係ないことをしている。僕はこの福澤の非社会性こそが私学の基本にあるべきだと思います。

福澤は若い頃に大阪の適塾にいて、ひたすらオランダ語の文献を読んでいました。哲学書を読み、工学や化学の書物を読み、医学や薬学の書物を読み、とにかくオランダ語で書かれている文献を片っ端から読んだ。もちろん、オランダ由来の知識や技術についての「ニーズ」があるから読んでいるわけではありません。意地で読んでいる。「こんなにややこしいもの」を読んでいるのは日本広しといえども、われわれしかいない。そういう自尊心から読んでいる。

それはエリート意識とはちょっと違います。エリート意識というのは、すでに支配階級に席がある人間が持つものだからです。適塾の貧乏書生たちは権力とは無縁です。時流にきっぱり背を向けて、金にもならないし、出世にも結び付かない学問をしている。そんな変なことをしている俺たちは「ただものではないぞ」という苦しまぎれのプライドだけを支えに貧しさや飢えに耐えて学問をしている。

学ぶ人間の気概というのは、本来そういうものではないかと僕は思います。「日本広しといえども、『こんな変なこと』を研究しているのは我一人である」というような意地や痩せ我慢が知的な緊張を持続するためにはどうしたって必要なのです。

学校教育もそうなんだと思います。世の中とうまくなじんで、社会のニーズにぴったりと対応した教育をしているような学校にはなりたくない。そう腹をくくって、世間からは「一体あんたのところは何をやっているんだ」と白眼視されるような教育をする。そういう学校側の気概は、在校生にも卒業生にもきちんと伝わる。だから、「今の日本であんな変な教育をしている学校はわが母校しかない。だったら、守らなければ」という気持ちを在校生も卒業生も持つようになる。そういう形で僕は学校を続けていけばいいと思っています。


今日の演題は「教育と自由」というものです。でも、いきなり演題に文句をつけるのも申し訳ないのですが、「教育と自由」というのはそもそも食い合わせが悪いのです。

「自由を教える」ということができるのか。主体性は教えられるか、自立は教えられるか、自由は教えられるか……。どれも本来は教えるものではない。自得するものです。

教えることはできないけれど、学校には、「自由」や「自主」や「自立」や「自在」を子どもたちが自得できる環境を整備することはできます。教育者としてできることのそれが最大限だと思います。子どもたちが「自由」を自得できるような環境を整える。あとは待つ。教育者にできることはそれだけではないかと僕は思います。

「教育と自由」について僕が言えるのは、さしあたりそれだけです。またのちほどこの演題に近いトピックに触れることができるかも知れませんが、とりあえずは、これしか僕には言えません。

問題は「人口減少」ではなく「人口分配の偏り」

実は、今日は高校生たちに「人口減の未来」をどう生きるかという話をするつもりで来ました。でも、来てみたら、聴衆はほとんどが大人の人だし、演題は「教育と自由」だし、予定がすっかり狂ってしまいました。でも、せっかく考えてきたので、ちょっとだけその話題について話をさせてください。

この学校がある地域でも、人口減ということが結構シリアスな問題になっていますが、僕は『人口減社会の未来学』という本で編著したせいもあり、人口減問題に関してよく講演依頼があります。先日も岐阜県のＪＡに呼ばれて、地方の人口減問題と農業の問題について語ってきました。どこでも言うことは同じです。

韓国からもお呼びがかかりました。僕は10年ほど前から、毎年韓国に講演旅行に行っています。一昨年は韓国の田舎の方からお呼びがかかって、山の中の公民館のようなところで、50人ぐらいの聴衆を前に講演をしました。その時にいただいたテーマが「韓国における急速な人口減と地方の生き残り」というものでした。聴衆はほとんどが地元の高齢者でした。もちろん彼らは僕の名前も、何をしている人間かも知りません。でも、その人たちが実に一生懸命に話を聞いていました。

どうして僕みたいな人間をわざわざ日本から呼んでそんな話をさせるのか。たぶん韓国国内には「地方の人口減問題と生き残り」について真剣に考えてくれる知識人がいないということではないかと思います。

韓国の合計特殊出生率は0・78です。少子化が叫ばれる日本でさえ、1・20ですから、韓国の人口減のすさまじさが知れます。

首都圏への人口の集中が進んでいて、ソウル周辺だけで全人口の45・5%が住んでいるというデータがあり、この数字を講演や文章に何度か引用しましたが、さきほど最新データに更新しようと思ってチェックしたら、50・5%でした。1年間に5ポイント上がっている。今や若い人がいるのは、ソウル周辺だけなのです。

去年講演に行ったのは釜山です。釜山は韓国第2の都市で、日本でいうと京都や大阪のようなランクの都市です。感じのいい、カジュアルな下町なんですが、街を歩くと、出会うのは中高年ばかりで、街には若者がいない。子どもの歓声も聞こえない。

釜山大学は国立ですからまだ残っていますが、まわりにあった大学が次々と廃校になっている。この数年間で大学が4校廃校になったそうです。若い人がソウルに行ってしまうからです。釜山大学は京都大学くらいのランクの大学ですが、志願者が激減して、入学偏差値が下がっており、今はソウル近辺の二流、三流大学の後塵《こうじん》を拝しています。

韓国の首都圏に人口が集中していることについて、日本ではあまり報道されていません。出産率が下がったことは時々ニュースになりますが、ソウルに人口が集中していて、地方が没落していることを大手メディアはあまり伝えたがらない。

これは現代日本における人口減問題に対するメディアの姿勢の特徴だと思います。新聞もテレビも必ず「人口減問題」と言いますね。でも、これは正しくない。僕らが直面しているのは「人口減問題」ではなく、「人口一極集中問題」だからです。問題なのは、人口減少よりもむしろ人口の分布の偏りなのです。

同一国内に過疎地と過密地ができていること、それが問題なのです。人口がどれほど減っても、それが全国に均等に広がっていれば、今「人口問題」と言われている問題の多くは解決します。首都圏には今4400万人が暮らしています。東京、千葉、埼玉、神奈川の4都県だけに日本の人口の35%が集っている。しだいに韓国の人口集中に近づいています。

急速に進む地方の過疎化問題

首都圏に人が集まって過密化が進行し、他方地方では過疎化が急速に進んでいます。先日、能登半島で地震がありましたが、復興が進んでいません。なぜ、こんなに復興作業が遅れているのか。それは政府に「復興させる気がない」からです。

今回の激甚災害の被害は、少子高齢化で人口が減っている過疎地に集中しています。そのような過疎地に復興コストをかけるのは無駄だと考える人が政策決定にかかわっている。だから復興を意図的に遅らせている。

「高齢者は故郷に戻って、家を建て直し、生業を再開するだけの気力も体力もないから、遠からず仮設住宅にいるまま鬼籍に入る。そうなると、住民がほとんどいないような集落へ続く道を修復したり、そのためのライフラインを補修したりする必要はなくなる」そういう考え方をしているのです。「健康で文化的な生活がしたかったら、都市部に引っ越せばいい。山の中の過疎の集落のために道路を通す、橋をかける、トンネルを通すとか、そんなところに予算を投じることはできない。行政コストの無駄遣いだ。」そう公然と語る人もいます。

多くの人がそれに反論できずにいる。コストとベネフィットというふうなビジネスの用語で語ると、「過疎地にはコストをかけない」ということは合理的な判断のように思えます。でも、これは明らかに言っていることがおかしい。「人口減」と言われますが、今でも日本列島には1億2500万人いるのです。

江戸時代の人口はだいたい3000万人前後で推移していました。276の藩があり、これらの藩は原理原則としてエネルギーと食料に関しては自給自足でした。それぞれの藩ごとに特産品があり、固有の文化があり、固有の技術があり、人々は伝統的な祭祀《さいし》儀礼芸能を守っていた。人口3000万人の時に、全国津々浦々に人が暮らし、生業を営むことができたのです。それが人口1億2500万人では「人が少なすぎて」不可能になったと言われも、僕は納得できません。でも、江戸時代より1億近く人口が多いのに、もはや地方には生業の拠点や固有の文化を発信する拠点など作れるはずがないと、多くの人が公言している。これはおかしくありませんか。江戸時代は3000万人、明治末でも5000万人です。その時代に「人口が足りないので、もう地方は棄てて、東京に集まるしかない」というようなことを言った政治家は一人もおりません。適切に資源を分散すれば人口5000万人まで減っても暮らせる。それは歴史的事実として検証済みなのです。21世紀末に日本の人口は5000万人と予測されています。だったら、日本の人口が5000万人の時に、どういうふうな人口分布であったのか、それを参考にして制度設計は行われるべきだと僕は思いますが、なぜか、誰もそう言わない。ほとんどの人が首都圏に人が集まっていくのは自然過程であるかのように語る。まるで人口減は台風や地震のような災害で、人間にはコントロールできないものであるかのように。でも、違います。これは100%政治の問題です。人間の力で、人口の偏りは補正できます。現に前例があります。

「教育資源」と「医療資源」の地方分散を

明治政府が行ったことの中で、確実に評価していいことの一つは、高等教育の拠点を全国につくったことです。教育資源を東京に一極集中させないで、地方に分散した。これは明らかに政策的なものです。

帝国大学は、東京、京都、大阪、名古屋、仙台、札幌、福岡、台北、京城の9つがあります。見ればわかる通り「全国」に分散されています。旧制高校もそうです。旧制高校の配置を見ていると、明治政府の意図がだいたいわかります。

一高は東京です。でも次につくられた二高は仙台です。仙台は、戊辰《ぼしん》戦争のときの奥羽越《おううえつ》列藩同盟の拠点です。明治政府に抗った賊軍の本拠地です。そこに2つ目の旧制高校を作った。三高は京都、四高は前田藩ゆかりの金沢、五高は熊本、六高は岡山、七高造士館は鹿児島でした。西南戦争の逆賊の拠点です。八高が名古屋。そこで「ナンバースクール」は終わり、そのあとは弘前、松江、静岡、水戸、山形、高知などいわゆる「ネームスクール」19校ができます。

この教育資源の分散はあきらかに意図的なものです。逆賊の拠点だった仙台と鹿児島に高校をつくったことも、金沢、水戸、岡山といったかつての大藩に高校をつくったことも政治的配慮です。

周知のように、公共事業の資源分散については、戊辰戦争の賊軍の藩に対して、明治政府はきわめて冷淡でした。東北新幹線が開通したのは、東海道新幹線開通の半世紀後であることからそれは知れます。でも、教育拠点と医療拠点については、全国に均等に設置するという明確な意志を感じます。これを僕は高く評価します。

今進められている教育拠点の一極集中政策は明治政府の政策とは正反対です。政府が教育資源の一極集中を主導しているとまでは言いませんが、放置していることは事実です。それを防ぐための手立てを何も講じていない。これを放置しておけば、韓国と同じように、若い人たちは首都圏にどんどん集まってきます。

若い人が都市に惹きつけられるのは当たり前のことです。先端的な文化に触れられるし、経済活動も活発だし、雇用機会も多いし、競争が激しい。どの業種でも自分が「どれくらいにランクされるか」がわかる。都市は査定が正確なのです。だから、才能のある若い人が都市に引き寄せられるのは仕方がないことです。

そうであるならば政治にできるのは、人口の都市一極集中を抑制することです。資源を地方に分配することです。

明治政府がしたように、まず教育資源と医療資源の地方分散を進める。そして、「日本中どこに住んでも、医療と教育については心配する必要がない」という体制を整備する。地方にいても、十分質の高い高等教育が受けられる。しっかりした医療機関で受診できる。そういう環境をつくることは市場に丸投げしていては不可能ですけれども、政策的に進めることは可能です。そして、教育の拠点と医療の拠点をつくっておけば、人はそこに住み始める。

資源の地方分散は、政治主導でしか実現しない

アメリカでは、地域での雇用を創出しているのが政府機関と大学と総合病院だけという地方都市があるそうです。その三つだけで一地方都市の雇用をほぼまかなうことができるからです。

行政機関で働く人がいて、大学で働く教職員がいて、学生がいて、病院で働く医師や看護師がいて、患者がいて、その家族や関連企業の従業員やその家族がいる。この人たちが毎日生活するためだけでもかなりの規模の経済活動が行われます。だから、政府と自治体が主導して、行政機関、大学、病院を全国均等に設置するだけでも、人口一極集中はかなり抑制できると思います。

しかし、こういう話をメディアはまず伝えることがありません。僕は一度も聞いたことがありません。どうやって地方に雇用を創出するのかという話になると、みんなまず金の話をします。どうやって生産拠点をつくるのか、どうやって消費を喚起するのか、どうやって新しいビジネスを起こすのか、そういう話になります。

しかし、ビジネスのタームだけでこの問題を論じている限り、資源の地方離散という話は絶対に出てきません。人口分散は資本主義的には「絶対にあり得ない選択」だからです。

近代史を振り返ればわかりますけれども、そもそも資本主義は「過疎地」と「過密地」を作為的に創り出すことで成立した経済システムです。都市に人口が密集して、地方には生業を営む余地がない……という状態を意図的に創り出すことを「囲い込み」と言います。これは直接的には村落共同体の共有地（コモン）をさまざまな理由をつけて富裕な人々が買い上げたり、奪ったりして、そこを「私有地につき立ち入り禁止」にしたことを意味しています。

コモンが失われたことで、村落共同体は解体し、村人たちは零落して、都市に流れ込み、そこで「労働力の他に売るものを持たない」プロレタリアというものになった。それによって英国の資本主義は急成長を遂げた……ということは皆さんも世界史の教科書で読んだと思います。

資本主義は人口が均等に分散している状態を望まない。まずこのことを覚えておいてください。ですから、人口問題の解決を市場に丸投げした場合に、100%の確率で、市場は「地方を過疎地にして、都市を過密地にする」ことを選択します。ビジネスマンは「市場は間違えない」という信仰箇条に従って、市場は必ず適切な解を与えてくれると信じているようです。ですから、ビジネスベースで、つまり「金の話」で人口減問題を論じている限り、資源を地方に分散して、過疎地も過密地も作らないというソリューションには絶対にたどりつきません。これは「絶対に」と僕は断言します。資源の地方分散は政治主導でしか実現しない。

本来、「危機耐性」に強い国をめざすべき

明治政府は教育と医療については、意図的に地方分散を実施しました。それに比べ

て、この25年間日本の政治は一体何をしてきたのでしょうか？　少子化対策としては、「婚活」とか「子どもを産んだらお金をあげる」とか寝ぼけたことを言っているだけです。そこには日本の未来についての「ヴィジョン」がない。必要なのは、哲学なんです。「わが国はこれからどうなるべきか」を明快に語る解像度の高いヴィジョンなんです。

残念ながら、今の日本の政治家にはそのヴィジョンがありません。だから、「人口一極集中問題」と言わずに「人口減問題」と言う。「台風問題」や「地震問題」などと同じように、人口減は人知の及ばぬ問題として扱おうとする。でも、それは間違っています。繰り返し申し上げますけれど、問題は人口が減っていることではなく、人口が偏っていることなんです。

資源を全土に分配して、エネルギーや食糧についてもそれぞれの地域で自給自足できるような体制をつくり、危機耐性に強い国をつくれば、人口減のもたらすリスクの相当部分は回避できる。資源を分配するのは要するに「リスクヘッジ」ということです。「卵は一つのかごに入れない方がいい」という当たり前のことです。資源は分散しておいた方が危機には強い。当たり前です。

しかし、リスクヘッジのための資源の地方分散について論じられたのは、2011年の東日本大震災のあとほんのわずかな期間だけでした。当時「遷都《せんと》」が話題に上ったことをご記憶でしょうか。首都機能を分散しなければならないという議論もなされました。

東京に国家機能が集中していると、仮に東京に直下型地震があったらたちまち国家機能が麻痺してしまう。中心があって、そこから周縁にチャンネルが伸びているシステムのことを「ハブ・アンド・スポーク」モデルと言います。自転車のタイヤのイメージです。真ん中に「ハブ」があって、そこから「スポーク」が広がっている。でも、このモデルは「ハブ」が壊れたら、いきなり機能しなくなる。

それに対して危機耐性が強いのは「離散型モデル」です。どこにも中心がなく、地下茎のようにネットワークが広がっていて、あちこちに「ノード（結節、交点）」がある。そういうモデルです。離散型モデルはどこかが破壊されて機能停止しても、すぐにバイパスをつくって、システムを復元できる。これはアメリカ軍がシステム再編に際して現に行っていることです。システムの安全と復元力を本気で考えているなら、中枢型ではなく、離散型を選択するのは当然のことなのです。

でも、日本政府は東日本震災の後に、文化庁を京都に移しただけでした。本気でリスクヘッジを考えていたら、こんな手抜きをするはずがない。でも、政府が離散型システムを選ばないというのは、政治的判断でそうしているのではありません。資本主義が「ハブ」にすべての資源を集中することを要求しているからです。政治家たちは政治判断をしているのではなく、市場の要請に従っているだけです。

京都大学名誉教授の鎌田浩毅先生と時々お会いする機会があるのですが、先生はそのつど「南海トラフは必ず来ます」と僕に警告してくれます。南海トラフは周期性が高いので、あと30年内には必ず起きるそうです。

それに連動して、首都圏直下型地震も起きるかも知れないし、富士山が噴火するかも知れない。そのことを地震学の先生たちは口を揃《そろ》えて警告しています。この災害リスクを勘定に入れたら、どう考えても、最優先の国家的課題はリスクヘッジだと僕は思います。

統治機構を分散する。産業拠点を分散する。教育・医療拠点を分散する。中央集権型の「ハブ・アンド・スポーク」システムから離散型システムに制度を設計変更する。システムのダメージを最小化し、短期間に復元するためにどうすればいいか考えたら、リソースを散らすのが一番確実なのです。

仮に首都圏が直下型地震で機能停止した場合、救援にかけつけることができる一番近い100万都市は新潟です。しかし、新潟から東京に支援に行くことは容易な事業ではありません。関越道は当然壊れていますから、東京には救援物資がなかなか届かない。何日間かは食糧支援も医療支援も来ないでしょう。

首都圏には日本の人口の3分の1が集まっています。その人たちの相当数が被災した場合、必要とされる支援物資は莫大な量になります。派遣すべき人員もおそらく数十万規模になる。首都圏が被災した場合に備えて、どこに救援物資を備蓄しておくか、どの自治体から、どういうタイプの支援者を、何人派遣するのか、それについての計画はもう整備されていなければならない。

でも、首都圏の近隣自治体が「4400万人の首都圏住民が被災した場合の支援プログラム」を今から準備しているという話を僕は聴いたことがありません。「日本の人口の3分の1が被災した場合」なんか、そもそも想像することさえできないから当然です。一自治体レベルでそんなことを考えても仕方がない。

それを考えたら、なるべく東京に人を集めない方がいいに決まっています。その方がとりあえず死傷者も少ないし、被災者も少ない。救援活動も効率的にできる。合理的に考えたら、この地震列島の上に暮らす日本人にとって「人口の一極集中」は絶対に採るべきではない選択肢なんです。

100年後に残る都市は「東京」と「福岡」のみ

先日、このまま人口の一極集中が進行していくと、100年後に日本列島に残っている都市は2つだけだという記事が出ていました。残るのは東京と福岡だけであとはなくなるというのです。列島の東と西に2つだけ都市が残って、あとは荒漠たる無住地が広がるというのです。

しかし、その時点でも、列島には5000万人の日本人が暮らしています。500

0万人といったら、たいした数ですよ。今、韓国の人口が5200万、フランスが6800万人です。フランス人に向かって、「フランスはあと少ししたらパリとリヨンだけ残って、あとは無住地になるしかないね」と言ったら、フランス人は激怒すると思います。

東京と福岡以外が無住地になるというのは、すべてを市場に丸投げして、「政治的努力がゼロ」の場合の話です。政治家も官僚も何もしないで手をつかねていれば、おそらくそうなる。資本主義経済は、東京だけ残って、あとはぜんぶ荒漠たる無住地になっても、別に困らないからです。というか、その方が望ましい。東京にすべての資源を集中させれば、日本資本主義はまだまだ延命できるからです。

列島の大半を捨てて、都市国家になること、それを「日本のシンガポール化」と僕は呼んでいます。でも、そんなことになるのは政治的努力がゼロの場合だけです。そうならないように今から政策を講じれば、そんな事態の到来は防げる。だったら、どのような政治的努力が必要なのか、それが実践的な問いになるはずです。それについて国民的な規模の議論をして、合意形成をすることが必要だという話になるはずです。

でも、誰もそんな議論をしていない。日本の未来について国民的な合意形成が必要だということさえ誰も口にしない。ただ、黙って、ぼんやり「すべての資源を一極集中しろ。それしか資本主義が延命する道はない」という言い分に頷いている。

今の話を「教育と自由」という演題に絡めると、「真理は汝をして自由を得さしむし」という言葉を僕は思い出します。聖書ヨハネ伝にある言葉です。人は「真理」によって自由になれる。

「真理」というと言葉が強いですが、広い視野を持って、長いタイムスパンの中で物事を観察するという知的な態度のことだと理解してください。自分自身を含む光景を上空から俯瞰する。そうすると、今目の前にある現実がどういう歴史的文脈の中で形成されてきていて、どういう文明史的な意味を持っているかということがわかってきます。空間的な「額縁」と歴史的な「文脈」の中で、「今・ここ」をみつめること。それがさしあたり「真理」という語に僕が仮託する意味です。それが今、自分が閉じ込められている「臆断の檻」から逃れ出る唯一の方法です。

今自分が居着いている視点からいったん離れる。世界地図の中で日本列島を観察する。100年、200年というタイムスパンの中で、今起きている出来事を解釈する。そこにはまり込んでいる自分自身を見る。そうすると、「100年後には東京と福岡しか残らない」という言明が客観的事実ではないということはわかるはずです。というのも、今から100年前、日本の人口が5000万人の時も、列島全域に人が暮らし、そこで経済活動が行われ、教育拠点も医療拠点も備わっていたからです。人口5000万人でも、人々が健康で文化的な生活をしていたという事例が過去にはある。この「成功事例」があるのにもかかわらず、それを参照にしてこれからの日本の制度設計をしようという人が一人もいない。「大日本帝国時代の憲法に改憲しよう」と言い立てる政治家はいくらもいるのに、「明治政府の行った資源の地方分散の成功事例に学ぼう」という政治家は一人もいない。おかしいと思いませんか。

人為的に過疎地と過密地をつくり出した「囲い込み」

今日本の農業は壊滅的な状態です。自給率38%と言いますが、東大の鈴木宣弘先生によると、実際にはもう10％を切っているということです。
日本の農業従事者はあと10年で3分の1にまで減ると予測されています。このまま放置しておけば日本から農業はなくなります。それなのに、どうして日本の農業がなくなることにこれほど政府や財界が無関心なのでしょうか。

農業がなくなってしまったら、農耕が行われていた土地には住む人がいなくなります。生業を失った人たちは、働き口を求めて都市に集まる。それしか生きる手立てがないから仕方がない。そうやって農業が壊滅すれば、人口の一極集中はさらに加速します。

政府や財界が農業の持続にも、資源の地方分散にも冷淡なのは、農業が壊滅することは資本主義的にはそれほど困ったことではないからです。農業を営むことが不可能になって、生産手段を失った自営農たちが都市部に集まって賃金労働者になること、これは既視感を覚える風景です。これは世界史で習った「囲い込み」です。
「囲い込み」によって生業の拠点を失った人々が都市に流入して、労働力を売るしかないプロレタリアになり、彼らの労働価値を収奪することで英国の資本主義は発展を遂げた。

「囲い込み」が行われるまで、村落共同体には共有地（コモン）がありました。森があり、川があり、野原があった。村落共同体のメンバーはコモンで自由に牧畜をしたり、狩猟をしたり、魚を釣ったり、果樹やキノコを取ったりすることができました。ですから、コモンが豊かであれば、個人資産が少ない人でも豊かな生活が送れた。この仕組みはヨーロッパでは中世からずっと続いていました。でも、さまざまな理由の下にコモンは富裕な貴族や商人に買い上げられて私有地になった。理由は簡単です。コモンは生産性が低いからです。

当然ながら、コモンは「みんなの土地」ですから、そこから個人的な利益を引き出すことについては抑制的でなければならない。村人には森の木を薪にする権利があるからと言って、あまりたくさん伐採してしまうと他の人が困ります。でも、自分の土地ならそんな遠慮は要りません。地主には土地から引き出せる限りの富を引き出す権利がある。森を伐り尽くそうと、川を汚そうと、野原に工場を建てようと、誰も文句は言えない。コモンが富裕な人たちに買い上げられて私有地になったのは、その方が土地の生産性が上がり、ＧＤＰの増大に寄与するからです。資本主義経済が共有地の消滅を要求したのです。そうやって共有地は私有地になり、コモンを失った自営農たちは没落してプロレタリアになりました。でも、囲い込みがもたらしたのはそれだけではありません。囲い込みは人為的に過疎地と過密地をつくり出したのです。

『資本論』には「資本の原初的蓄積」の分析に割かれた章があります。タイトルは堅苦しいのですが、読んでいて僕はここが一番おもしろかった。

どうして資本主義は成功したのか。それは、それまで地方に分散していた人口を作為的に移動させて、人口過密地と人口過疎地をつくったからです。実質的にはこれしかやっていない。もちろんさまざまな科学技術上のイノベーションがあって産業革命は起きたわけですが、資本主義が成功した最大の理由は過疎地と過密地を人工的につくり出したことなんです。

農業というのは生産性が低い産業ですから、狭いところに多くの人が集住します。この土地を買い上げて彼らを追い出した資本家たちは、農業より生産性の高い産業に切り替えました。19世紀のイギリスにおいては、それは牧羊でした。牧羊はマンパワーが非常に少なくて済む「生産性の高い」産業だったのです。マルクスによると、牧羊は農業の１００分の１の従事者で同じだけの利益を上げることができたそうです。人件費コストが１００分の１になる。つまり、それまで１００家族の農夫が暮らしていた土地に羊飼いが一家族いれば済む。それを組織的に行ったのが「囲い込み」です。

これが資本主義には成功体験として記憶されている。困ったことがあったら、人口過密地と人口過疎地を人為的につくり出せばいい。人口過密地では地価が上がり、需要が多いから物価が上がる。労働者はどんどん流入してくるから「いくらでも替えがある」。賃金は下がり、雇用条件は切り下げられる。そして、住む人がいなくなった過疎地には、そのつどの「最も生産性の高い産業」を誘致する。だから、都市に人が集まって、地方に人がいなくなることは資本主義的にはむしろ歓迎すべき事態なのです。今の日本の政治家や官僚、ビジネスマンが資源の地方分散のために指一本動かさないのはそのせいです。それが資本主義の理にかなっているからです。

こう言ってよければ今日本で起きているのは「21世紀の囲い込み」です。落ち目の日本資本主義をなんとか延命させるために、過去の成功体験に学んで、過疎地と過密地を意図的につくり出そうとしている。

人口も資源も東京に一極集中させる。残った地方はできれば過疎地を通り越して、無住地にする。無住地の方が過疎地よりも資本主義的には有利なあり方だからです。

無住地化は、日本資本主義にとっておいしい話

今回の能登の地震でわかる通り、過疎地の復興はなかなか進みません。それは住民が少なく、高齢者が多い集落の再建のために行政コストをかけることに政治家も官僚も、そして一般国民も反対しているからです。そんな「ふるさと」のことはもうあきらめて、地方都市に移住すればいいじゃないか。そうすれば住宅を用意するだけで、復興のための建設コストは節約できる。過疎地の地域住民はいっそゼロになって欲しい。政府も自治体も、口には出しませんが、腹の中ではそう考えています。

無住地になってしまえば、もう行政コストはかかりません。道路を通す必要もないし、上下水道を通す必要もない。行政機関を置く必要はない、警察も要らない、消防も要らない、学校も要らない、病院も要らない、何も要らない。無住地なら統治コス

トはゼロになる。

人が住んでいなければ、何でもできます。原発を作ろうと、ソーラーパネルを並べようと、風力発電用風車を建てようと、有毒な産業廃棄物を棄《す》てようと、誰も反対しない。空気を汚そうと、水を汚そうと、森林を切り倒そうと、何をやっても「地域住民の反対」というものがない。生態系をいくら破壊しても、抗議する人がいない。そこには人が住んでいないし、これからも住む予定がないんですから。19世紀の英国では「囲い込み」で私有地になった土地でブルジョワたちは牧羊を営みました。21世紀の日本では「囲い込み」で無住地になった土地にブルジョワたちは「最も生産性の高い産業」を誘致する。図式は同じです。

これは苦境にある日本資本主義にとっては「おいしい話」です。だから、一極集中が加速する。人口の都市一極集中は、単に若い人が都市の華やかさや自由に惹かれて故郷を離れるというだけの話ではなく、資本主義がそれを要求しているから起こるのです。

すでに日本の国土は70%近くが無住地です。日本は山が多いので仕方がありませんが、今から10年、20年のうちにおそらく無住地が80%、90%に達するでしょう。つまり、日本列島のほとんどが人の住めない土地になるということです。

そうなると、もう治山治水をする必要がない。山は崩れ、川は氾濫し、海は汚染される。でも、それに苦情を申し立てる「地域住民」というものがもう存在しない。わずかでも「地域住民」がそこで暮らしている限り、生態系を維持するコストを政府や自治体は負担しなければならないけれど、住む人がいなくなれば、そのコストはなくなる。

そういう日本の未来を「たいへん好ましい」と思っている人たちはさすがに今の日本の指導層の中にもいないと思います。しかし、「このままだとそうなるかも知れない」ということについては想像力の行使を惜しんでいる。ただ市場のニーズに従って、人口の一極集中をまるで自然現象のように受け入れている。

これが今に日本で起きていることです。今日ここにいらしている若い方たちの中には長生きして22世紀を迎える人もいるはずです。その方たちには今から80年後の日本列島がどうなっているか、それをぜひ見届けてほしいと思います。

賢い政治家が出てくれれば、僕が描いたような「ディストピア」を迎えずに済むかもしれません。でも、賢い政治指導者が出てきて、資源の地方分散を政治力で実行しない限り、日本の未来は僕が想像した通りになると思います。

ですから若い方たちは、今の段階から「絶対にそういうことをさせない」と腹をくくって欲しい。日本という国をこれからどうすべきか、どう守るか、それを考えて、実践して行ってほしいのです。

一番たいせつなことは生態系を守ることです。日本の山河を守ることです。森や山や海や川を守る。そして、それぞれの土地に固有の産業を守る。伝統を守る。宗教を守る。教育と医療を守る。それが皆さん方の世代的なミッションです。

勝手に皆さんたちにそんなミッションを押し付けることになって、ほんとうに申し訳ないと思います。ほんとうなら僕たちの世代がそういう仕事をせめて半分くらいは成し遂げて、「わりと住みやすい日本」を皆さんにパスすべきでしたけれど、それは果たせませんでした。まことに申し訳ないと思います。

僕たちにできることは、日本が「どんなふうに」してだめになっていったのか、その理路を明らかにすること、そして、日本に再生の道があるとしたら、それはどのような方向をめざすのかを指示すること、それくらいです。わずかなものしか贈り物として残せませんけれども、どうぞこれを受け取ってください。

（2024年9月7日）

あとがき

最後までお読みくださって、ありがとうございました。いかがでしたでしょうか。

「まえがき」にも書いたように、本書は問題の所在を明らかにして、その輪郭を示すためのものです。その問題をどう解決するかについては、具体的な提言を示すにはなかなか至っておりません。

ただ、一つだけ言っておかなければいけないのは、「沈んでいる国」は日本だけじゃないということです。そう言われてほっとするとか、うれしいということはないと思いますけれど、ほんとうにそうなんです。

世界を見渡してみると、今や「絶好調」で国運がぐいぐい向上して、国民がみなにこにこ幸福に暮らしている国というのはなかなかみつかりません。それよりはアメリカを筆頭に「崖っぷち」とか「綱渡り」という形容がふさわしい国の方が多い。

これはどういうことなんでしょう。「人類は集団的に知性が劣化した」というようなことになっているのか。

まさか、そんなことはないと思います。いつの時代でも、賢者の頭数は変わらない。僕はそう信じています。でも、賢者というのはだいたい「ダマ」になって暮らしているんですよね。だから、あまり賢くない人が統治者になったり、大富豪になっている国だと、賢者はまとまって野に逼塞《ひっそく》してしまう。たぶん、そういうことが世界同時的に起きているような気がします。

『論語』泰伯篇にはこんなことが書かれています。

「天下に道あるときは則《すなわ》ち見《あら》われ、道なきときは則ち隠る。邦《くに》に道あるとき、貧しくかつ賤《いや》しきは恥なり。邦に道なきときに、富みかつ貴《たっと》きは恥なり。」

今の世界を見渡して「天下に道がある」であると思う人はあまりいないと思いますし、今の日本を見て「邦に道がある」であると思う人もあまり（ほとんど）いないと思います。となると、そういう時代においては仁者や賢人は「隠るのがデフォルト」ということになる。

村上春樹さんも同じようなことを文学について語っていました。最近小説を読む人が減ったという現象について村上さんはこう言いました。

「いい小説が売れない、それは読者の質が落ちたからだっていうけれど、人間の知性の質っていうのはそんなに簡単に落ちないですよ。ただ時代時代によって方向が分散するだけなんです。この時代の人はみんなばかだったけれど、この時代の人はみんな賢かったとか、そんなことがあるわけがないんだもん。知性の質の総量っていうのは同じなんですよ。それがいろんなところに振り分けられるんだけど、今は小説の方にたまたま来ないというだけの話で、じゃあ水路を造って、来させればいいんだよね。」

（柴田元幸編訳、『柴田元幸と9人の作家たち』、アルク、2004年、275頁）

「知性の総量っていうのは同じなんです」というのはまことに力強い言葉だと思いませんか。これを読んで、僕はずいぶんほっとしたことを思い出します。

この世界や日本を「まともなかたち」に再建してくれるだけの知性や道義性を具《そな》えた人たちは、たまたま「いろんなところに振り分けられ」ていて、政治家とか官僚とか富豪とかメディア知識人とかにはなっていないので、僕たちの目のとどく範囲には出現してこないということなんです。そのせいで、僕たちに見える風景はなんだかずいぶん索然としていますけれども、賢い人たちは今は「隠れ」ていて、たぶん自前のツルハシやシャベルとかを手にしてこりこりと「水路を造って」いるんだと思います。僕はそう信じたい。

この本を読んでくださった皆さんの中にも、いま手元に目を落としたら、自前のツルハシやシャベルを握っていることに気づかれた方がきっといたと思います。お仕事がんばってください。て、ひとごとみたいに言っちゃだめですね。僕も老骨に鞭打ってがんばります。ともに手を携えて「道のある邦」を再建するために働きましょう。

最後になりましたが、膨大なブログ記事の中から使えそうな原稿を拾い上げて、とりまとめて一冊に仕上げてくれた西垣成雄さんのご尽力に感謝申し上げます。

2025年2月

内田樹

※本書は『朝日新聞』『中日新聞』『信濃毎日新聞』『山形新聞』『日本農業新聞』『桐生タイムス』『AERA』『週刊金曜日』『通販生活』『月刊武道』『東洋経済』『螢雪時代』等に掲載され、ブログ『内田樹の研究室』に再掲載されたものを大幅に加筆修正し、新書化したものです。

内田樹（うちだ・たつる）
1950年東京都生まれ。神戸女学院大学名誉教授、神戸市で武道と哲学研究のための学塾凱風館を主催、合気道凱風館師範（合気道七段）。東京大学文学部仏文科卒、東京都立大学人文科学研究科博士課程中退。専門は20世紀フランス文学・哲学、武道論、教育論。
主著に『ためらいの倫理学』、『レヴィナスと愛の現象学』、『寝ながら学べる構造主義』、『先生はえらい』など。第六回小林秀雄賞（『私家版・ユダヤ文化論』）、2010年度新書大賞（『日本辺境論』）、第三回伊丹十三賞を受賞。近著に『勇気論』、『日本型コミューン主義の擁護と顕彰―権藤成卿の人と思想』、『新版映画の構造分析』など。マガジンハウスには『そのうちなんとかなるだろう』、『だからあれほど言ったのに』。

マガジンハウス新書 027

沈む祖国を救うには

2025年3月27日　第1刷発行
2025年7月 2 日　第4刷発行

著　者　内田樹
発行者　鉄尾周一
発行所　株式会社マガジンハウス
〒104-8003　東京都中央区銀座3-13-10
書籍編集部　☎03-3545-7030
受注センター　☎049-275-1811

印刷・製本／中央精版印刷株式会社
ブックデザイン／TYPEFACE（CD 渡邊民人、D 谷関笑子）
編集協力／西垣成雄（青文舎）

ISBN978-4-8387-7529-3 C0236